REVERSO  Historia crítica

Director
Juan Andrade

La colección *REVERSO* Ⓔ *Historia crítica* tiene como objetivo ofrecer miradas alternativas sobre la historia. Tiene preferencia por los procesos sociales, políticos y culturales de las últimas décadas, pero también por aquellos que, pese a ser más remotos, sean objeto de debate y controversia en la actualidad. Recupera el ideal clásico de analizar el pasado para entender mejor el presente, pero aspira también a penetrar en el presente para desentrañar los relatos que desde él se construyen sobre el pasado. La colección publica libros respaldados por una investigación rigurosa, pero atractivos para un grupo amplio de lectoras y lectores inquietos. No quiere glosas, redundancias, ni acomodo a los consensos historiográficos establecidos, sino ideas propias y atrevidas que miren de forma crítica la realidad. No aspira a construir ningún nuevo consenso sobre el pasado, sino a disentir con fundamento y a reproducir el disenso también en su interior. *REVERSO* Ⓔ *Historia crítica* concibe la historia en un sentido amplio y transdisciplinar muy alejado de las habituales divisiones burocráticas y corporativas del conocimiento. Quiere dar más voz a una nueva generación de autoras y autores que ya se están haciendo oír, pero también a quienes lo hicieron con voz propia en tiempos más monótonos. Quiere ser, en definitiva, una forma rigurosa, ágil, plural, discrepante y crítica de mirar al pasado y al presente.

Diseño interior y cubierta: RAG

Motivo de cubierta: Juan Hervás / artbyte.es

Traducción del poema de Mahmud Darwish: Sami Yousef Elías Barakat

Título original: *Gaza davanti alla storia*

© Enzo Traverso, 2024

© Ediciones Akal, S. A., 2024
para lengua española
Sector Foresta, 1
28760 Tres Cantos
Madrid - España
Tel.: 918 061 996
Fax: 918 044 028
www.akal.com

ISBN: 978-84-460-5578-5
Depósito legal: M-13.604-2024

Impreso en Portugal

ENZO TRAVERSO

GAZA
ANTE LA HISTORIA

Traducción de Valentina Olalla Salvador

ARGENTINA / ESPAÑA / MÉXICO

Quizás triunfen los enemigos sobre Gaza (quizás el mar embravecido sobre una isla, quizás corten todos sus árboles)
quizás rompan sus huesos.
Quizás planten sus tanques en las entrañas de sus niños y mujeres, y la echen al mar o la arena o la sangre, pero
no se repetirán las mentiras y no dirá a los invasores: sí
y continuará explotando.
No es muerte tampoco es suicidio, pero es la forma que tiene
Gaza de expresar que merece vivir:
y continuará explotando.
No es muerte tampoco es suicidio, pero es la forma que tiene
Gaza de expresar que merece vivir...

Mahmud Darwish, «El silencio sobre Gaza» (1973)

Prefacio

Este breve ensayo surge en el trágico contexto de la guerra en Gaza y la encendida polémica que la ha seguido. El ataque de Hamás del 7 de octubre fue objeto, en casi todas partes, de una condena necesaria y comprensible. En cambio, la furia asesina y devastadora desencadenada por Israel en los meses siguientes provocó reacciones mucho más encontradas, fruto de un distanciamiento avergonzado, pero siempre indulgente, casi comprensivo. Las raras críticas a la política israelí no cuestionan una premisa de simpatía y solidaridad. El subtexto de los editoriales es casi siempre el mismo: francamente, estáis exagerando, no podemos evitar criticar vuestros métodos un tanto brutales pero lo hacemos porque estamos, como siempre, de vuestro lado, queremos ayudaros a luchar contra los monstruos, que están en el otro bando. Los países de lo que comúnmente se llama el Sur Global han expresado su indignación unánime por la destrucción de Gaza, mientras que Occidente –es decir, la gran mayoría de sus gobiernos y medios de comunicación– la ha respaldado, cuando no facilitado, cavando un surco cada vez más profundo entre sus elites y la opinión pública.

Las páginas que siguen nacen de esta constatación. No se trata, por tanto, de un texto escrito con sereno distanciamiento, sino más bien de un intento de elaborar una primera reflexión sin ocultar los sentimientos de estupor, incredulidad, desaliento y rabia que me han asaltado en los últimos meses. Podría decir, parafraseando a Sartre, que se trata de un texto escrito *en situation*. El título, *Gaza ante la historia,* no debe malinterpretarse. No soy un estudioso de Oriente Medio, ni del conflicto árabe-israelí, ni siquiera de Palestina. No pretendo explicar esta guerra, describir sus protagonistas, perspectivas y dimensión geopolítica. Otros ya lo hacen mucho mejor que yo, con herramientas y conocimientos que no poseo. El propósito de estas páginas es otro. He intentado escudriñar con ojo crítico el debate político e intelectual que ha suscitado la crisis de Gaza, tratando de desenredar el nudo de historia y memoria que la envuelve. En definitiva, se trata de una reflexión crítica sobre el presente y de cómo la historia está llamada a interpretarlo. El tema es amplio y merecería mucho más que estas notas escritas a toda prisa, pero es urgente. Los historiadores pueden desviarse de sus hábitos asumiendo algunos riesgos, sobre todo si –como es mi caso– no cultivan la ilusión de encarnar una ciencia «axiológicamente neutra».

Todo el mundo ha comprendido que esta guerra marca un punto de inflexión, no solo por sus consecuencias geopolíticas, sino por lo que representan palestinos e israelíes a los ojos del mundo. Sin embargo, este asunto pertenece al presente y aún no estamos en condiciones de escribir su historia; la historización de los grandes acontecimientos requiere tiempo, fuentes establecidas y accesibles, una mirada distanciada y una distancia crítica indispensable. No cabe duda de que la guerra de Gaza encontrará sus historiadores en el futuro. Por el momento, solo podemos observar los usos públicos del pasado que la acompañan, y reflexionar sobre la ayuda que la historia puede prestarnos para escrutar el presente y sobre las instrumentalizaciones a menudo cuestionables y a veces despreciables de que es objeto. Esto es lo que me ocupa en este breve ensayo. Mi punto de vista es discordante, en el sentido de que no coincide con los axiomas de esa pequeña parte del mundo que llamamos Occidente, que pretende detentar el monopolio no solo del poder, sino también de la moral. En este sentido, mi texto quisiera actuar como «contrapunto» a ese consenso, recogiendo la invitación que Edward Said dirigió hace años a los intelectuales, cuando se lamentaba de cómo sus voces se escuchaban cada vez menos, inmersas en el estruendo mediático. No obstante, si intentamos cambiar de punto de observación, poniéndonos en la piel de quienes sufren esta guerra, las voces ajenas al coro dicen cosas bastante obvias.

En el origen de este breve texto se encuentra un artículo publicado el pasado mes de diciembre por *Il Manifesto* y aparecido luego en inglés, en una versión actualizada, en *Jacobin,* así como una entrevista concedida al diario francés *Mediapart,* traducida después a varios idiomas. Las reacciones suscitadas por estas intervenciones me incitaron a escribir un ensayo más amplio en el que aclaro algunas observaciones. Agradezco a Tomás Rodríguez y Ediciones Akal el entusiasmo con que han acogido esta propuesta, convencidos de que merece la pena acoger y difundir una voz crítica.

Enzo Traverso
Mayo de 2024

1

EJECUTORES Y VÍCTIMAS

En un notable ensayo dedicado a los bombardeos aéreos durante la Segunda Guerra Mundial, el novelista alemán W. G. Sebald se preguntaba por las razones del silencio en torno al sufrimiento de sus conciudadanos al final del conflicto[1]. En 1945, Alemania estaba devastada, casi 600.000 personas habían muerto bajo los escombros de sus ciudades bombardeadas, un número aún mayor de civiles habían resultado heridos y varios millones, que habían perdido sus hogares, deambulaban como una masa de refugiados. Sin embargo, este sufrimiento extremo fue silenciosamente censurado e interiorizado por una sociedad muda; casi nadie se atrevía a expresarlo públicamente. Por supuesto, la Alemania ocupada ya no era una nación soberana, pero este silencio tenía razones más profundas. Los alemanes sabían que, cuando el fuego devoraba sus ciudades y de las ruinas se elevaban al cielo nubes de humo, la Wehrmacht, la policía y las SS estaban cometiendo crímenes mucho más graves que los que ellos mismos habían sufrido. Esto explica la vergüenza y el silencio culpable en que se encerraron, así como la diligencia y el frenesí con que trabajaron para retirar los escombros y reconstruir sus ciudades después de la guerra.

_____

[1] W. G. Sebald, *Storia naturale della distruzione* [1997], Milán, Adelphi, 2004 [ed. cast.: *Sobre la historia natural de la destrucción,* Barcelona, Anagrama, 2003].

Los sufrimientos infligidos a la población civil alemana durante y después de la Segunda Guerra Mundial, cuando fue expulsada por millones de Europa Central, son incuestionables, pero cuando Martin Heidegger los evocó para dar la vuelta a la tortilla y presentar a Alemania como víctima de una persecución, Herbert Marcuse decidió poner fin a su relación epistolar. Al adoptar estas posiciones, escribió, Heidegger se situaba «fuera del Logos», fuera de «la dimensión en la que todavía es posible un diálogo entre seres humanos»[2]. Heidegger no era uno de los vencedores, estaba en el bando de los que habían perdido la guerra (y sus cátedras universitarias), pero sus argumentos eran descaradamente apologéticos. Solamente a finales de la década de 1990, cuando la Alemania reunificada había integrado plenamente la memoria de los crímenes nazis en su conciencia histórica, sus propios sufrimientos durante la Segunda Guerra Mundial pudieron no solo ser ampliamente estudiados, sino también reconocidos y debatidos en la esfera pública sin dar lugar a malentendidos, sin aparecer como excusas o intentos de autoabsolución[3]. Tengo la impresión de que hoy la gran mayoría de nuestros columnistas y comentaristas se han vuelto «heideggerianos», inclinados a confundir a los agresores con las víctimas, con la diferencia de que los agresores de hoy ya no son los vencidos sino los vencedores.

---

[2] Carta de Herbert Marcuse a Martin Heidegger, 12 de mayo de 1948, en Herbert Marcuse, *Technology, War and Fascism,* ed. de Douglas Kellner, Nueva York, Routledge, 1998, p. 267. Posiciones similares a las de Heidegger también fueron defendidas por Carl Schmitt, en particular en las páginas de su diario del 21 de agosto de 1949; cfr. Carl Schmitt, *Glossario,* ed. de Petra Dal Santo, Milá, Giuffrè, 2001, pp. 368-369.

[3] En el centro de este debate se encuenta el libro de Jörg Friedrich, *Der Brand. Deutschland im Bombenkrieg 1940-1945,* Múnich, Ullstein, 2002 [ed. cast.: *El incendio. Alemania en la guerra de los bombardeos 1940-1945,* Madrid, Taurus, 2003].

La guerra de Gaza no es la Segunda Guerra Mundial, eso está claro, pero las analogías históricas –que nunca son homologías– pueden servirnos de guía, aunque impliquen a otros actores y acontecimientos de distinta magnitud. Es en este espíritu que, en 1994, Jean-Pierre Chrétien habló de un «nazismo tropical» a propósito del genocidio de los tutsis en Ruanda, y que la palabra *genocidio* reapareció en Europa durante la guerra en la antigua Yugoslavia, en particular tras la masacre de Srebrenica[4]. En los genocidios, por complejos y diversos que sean sus contextos históricos, siempre hay verdugos y víctimas. Pero el futuro historiador de la guerra de Gaza tendrá que hacer una valoración diferente de la de Sebald, porque hoy los papeles parecen estar invertidos. Mientras destruye Gaza bajo una lluvia de bombas, Israel se presenta como la víctima del «mayor pogromo de la historia desde el Holocausto».

La escena es bastante paradójica. Es como si asistiéramos a una especie de juicios de Nuremberg a la inversa, donde no se juzgan los crímenes cometidos por los nazis, sino las atrocidades (indiscutibles) cometidas por los aliados. Símbolo de la justicia de los vencedores, los juicios de Nuremberg estuvieron llenos de contradicciones, pero nadie pudo cuestionar seriamente la culpabilidad de los acusados[5]. Después del 7 de octubre, por el contrario, siempre se presenta a Israel como la víctima. ¿La destrucción de Gaza?: un exceso lamentable

---

[4] Jean-Pierre Chrétien, «Un nazisme tropical au Rwanda? Image ou logique d'un genocide», *Vingtième Siècle* 48 (1995), pp. 131-142.

[5] Véanse Annette Wiewiorka, *Le procès de Nuremberg* [1995], París, Liana Lévi, 2022 [ed. cast.: *El proceso de Núremberg,* Madrid, Rialp, 2023], y también para una reflexión de carácter más general, Danilo Zolo, *La giustizia dei vincitori. Da Norimberga a Bagdad,* Roma, Laterza, 2008 [ed. cast.: *La justicia de los vencedores. De Nuremberg a Bagdad,* Madrid, Trotta, 2007], y Pier Paolo Portinaro, *I conti con il passato. Vendetta, amnistia, giustizia,* Milán, Feltrinelli, 2011.

en una guerra legítima de autodefensa, la reacción implacable pero comprensible de un Estado amenazado que se protege por todos los medios. En los años ochenta del pasado siglo, en la época del gran debate alemán sobre el pasado hitleriano *(Historikerstreit)*, el historiador conservador Ernst Nolte describió los crímenes nazis como «reactivos», culpables sin duda, pero nacidos en la lucha contra una amenaza muy real encarnada en el bolchevismo, el *«prius* lógico y fáctico» de los totalitarismos del siglo XX y de la guerra en el frente oriental[6]. Hoy, el *«prius* lógico y fáctico» ha pasado a ser Hamás, un movimiento cuya única razón de ser sería el odio a Israel.

En el crepúsculo de la Guerra Fría, la época del *Historikerstreit,* todos los conservadores defendían a Nolte, que había expuesto valientemente los motivos de Hitler: puesto que su visión del mundo se basaba en una forma radical de antibolchevismo, tenía que haber algún atenuante. Había que relativizar los crímenes nazis. Los periódicos que entonces defendieron a Nolte, en primer lugar el *Frankfurter Allgemeine Zeitung,* se han convertido hoy en férreos partidarios de Israel[7]. En el siglo XXI, el fundamentalismo islámico, con el que identifican a Palestina, amenaza a Occidente como lo hizo el comunismo en el pasado siglo. Las motivaciones ideológicas del frente pro-Israel, tan inflexible en su lucha contra el antisemitismo, son básicamente las mismas que hace cuarenta años impulsaron al gran periódico de la burguesía ale-

---

[6] Ernst Nolte, «Un passato che non vuole passare», en Gian Enrico Rusconi (ed.), *Germania. Un passato che non vuole passare,* Turín, Einaudi, 1987, p. 8. Para una buena síntesis de este debate historiográfico que rápidamente trascendió a la esfera pública alemana, cfr. Hans-Ulrich Wehler, *Le mani sulla storia. Germania: riscrivere il passato?* [1988], Florencia, Ponte alle Grazie, 1989.

[7] Sobre esta metamorfosis de la opinión conservadora alemana, me permito remitir al lector a Enzo Traverso, «Longin for the *Sonderweg*», *New German Critique* 50, 3 (150) (2023), pp. 205-215.

mana a ser tan indulgente ante las interpretaciones apologéticas del nazismo encarnadas por Nolte. En los dos casos se ha producido una inversión de las partes: en el debate de hace cuarenta años, las víctimas eran los alemanes, no los judíos; hoy, las víctimas son los israelíes, no los palestinos. El discurso dominante en torno al 7 de octubre hace de esta fecha una especie de Epifanía negativa, la súbita aparición del mal de la que ha surgido una guerra reparadora. El contador se ha puesto a cero, como si esa fecha fuera el único origen de esta tragedia. El 7 de octubre habría rasgado un velo sobre la verdadera naturaleza tanto de Hamás como de Israel: el ejecutor y la víctima. La Franja de Gaza, un territorio habitado por 2,4 millones de personas sometidas a una segregación total durante dieciséis años, se ha convertido en la cuna del mal, donde asesinos despiadados actúan con impunidad, convirtiendo a los civiles en «escudos humanos». En realidad, la destrucción de Gaza es el epílogo de un largo proceso de opresión y desarraigo. Hace 22 años, en agosto de 2002, Edward Said describió la violencia israelí durante la segunda Intifada en estos términos:

> Gaza está rodeada en tres de sus lados por una alambrada electrificada; aprisionados como animales, los habitantes se ven incapaces de moverse, de trabajar, de vender las verduras y frutas que cultivan, de ir a la escuela. Están expuestos a los ataques de aviones y helicópteros israelíes, mientras en tierra son abatidos como conejos por blindados y ametralladoras. Hambrienta y miserable, Gaza es, desde el punto de vista humano, una pesadilla, compuesta [...] por miles de soldados dedicados a la humillación, el castigo y el debilitamiento intolerable de cada palestino, independientemente de su edad, sexo y estado de salud. Los suministros médicos son retenidos en la frontera, las ambulancias son tiroteadas

o se entorpece su tránsito. Se derriban y arrasan cientos de casas y tierras de cultivo, y se destruyen cientos de miles de árboles en nombre de un castigo colectivo sistemático a los civiles, en su mayoría refugiados como consecuencia de la destrucción de su sociedad en 1948[8].

El 7 de octubre no es un estallido repentino de odio, tiene una larga genealogía. Es una tragedia metódicamente preparada por quienes hoy querrían vestirse de víctimas. Es una tragedia que continúa; por eso es importante no invertir los bandos. Un simple vistazo a la cronología permite comprender cómo se llegó al «pogromo» del 7 de octubre. Desde la retirada de Israel en 2005, la Franja de Gaza ha sufrido continuos ataques por parte del Tzahal [Fuerzas de Defensa de Israel] que se han saldado con miles de muertos: 1.400 en 2008 (frente a 13 israelíes), 170 en 2012, 2.200 en 2014. El 30 de marzo de 2018, una gran manifestación pacífica contra el bloqueo de la Franja acabó en masacre: 189 muertos y 6.000 heridos. En 2023, entre el 1 de enero y el 6 de octubre, el Tzahal ya había matado a 248 palestinos en los territorios ocupados y detenido a 5.200. Entre 2008 y el 6 de octubre de 2023, el Tzahal mató a más de 6.400 palestinos, de ellos más de 5.000 en Gaza, e hirió a 158.440, mientras que las víctimas israelíes de las acciones de Hamás y otros grupos islamistas fueron 310 y los heridos 6.460[9]. En Gaza, los refugiados palestinos son cerca de un millón y medio, más de la mitad de la población. La tasa de desempleo es del 50% y el 80% de la

---

[8] Edward Said, «Morte lenta: la punizione in dettaglio» (2002), en *id., La pace possible. Riflessioni critiche e prospettive sui rapport israelo-palestinesi,* prefacio de Tony Judt, Milán, Il Saggiatore, 2023 [2004], p. 227.

[9] United Nation Office for the Coordination of Humanitarian Affairs, «Data on Casualties», 12 de octubre de 2023 [https://archive. ph/20231012 194834/https://ochaopt.org/data/casualties].

población vive en condiciones de pobreza. El PIB no ha dejado de disminuir en los últimos años, lo que convierte la intervención humanitaria de la UNRWA (suspendida desde hace unos meses por varios países de la UE) en una cuestión de supervivencia. El 75% de la población tiene menos de veinticinco años y ha vivido prácticamente segregada desde su nacimiento. A pocos kilómetros, más allá de la barrera electrificada, protegidos por la «Cúpula de Hierro» *(Iron Dome)*, el escudo antimisiles que intercepta los cohetes, los israelíes viven como en Europa. Tel Aviv es tan cosmopolita, moderna, feminista y *gay friendly* como Berlín. Su industria cultural exporta series de televisión a todo el mundo y en los últimos años su gastronomía se ha vuelto muy apreciada. Este es el telón de fondo del 7 de octubre.

El concepto de genocidio no puede utilizarse a la ligera, pertenece al ámbito jurídico y, como han señalado muchos investigadores, se adapta mal a las ciencias sociales. Sirve para designar a víctimas y verdugos y siempre se ha utilizado con fines políticos, para estigmatizar a los responsables, obtener justicia o defender causas conmemorativas. Todo esto es cierto, debemos ser conscientes de ello y no podemos utilizar este concepto sin tomar las precauciones necesarias, pero tampoco podemos ignorarlo, sobre todo hoy. La única definición normativa que tenemos, la de la Convención de la ONU de 1948, se adapta perfectamente a la situación que existe en estos momentos. Fue sobre la base de esta definición que, a finales de enero de 2024, la Corte Internacional de Justicia dio la voz de alarma sobre el riesgo de genocidio en la Franja de Gaza y, como es su prerrogativa, pidió a la comunidad internacional que tomara medidas para ponerle fin. Según el artículo II de la Convención, se entiende por genocidio cualquier acto cometido «con la intención de destruir total o parcialmente, a un grupo nacional, étnico, racial o religioso como tal». Se trata, prosigue el texto, de un proceso que adopta las siguientes formas: «a) matanza de miembros del grupo; b) lesión grave a la integridad física o mental de los miembros del grupo; c) sometimiento intencional del grupo a condiciones de existencia que hayan de acarrear su destrucción física, total o parcial; d) medidas destinadas a impedir los nacimientos en el seno del grupo»[10]. Esta definición describe exactamente lo que está ocurriendo hoy en Gaza.

Ya el 15 de octubre de 2023, 800 académicos de diferentes disciplinas, desde el Derecho Internacional hasta los «Genocide and Holocaust Studies», dieron la voz de alarma sobre el riesgo de genocidio en Gaza. En los meses siguientes, el *Journal of Genocide Research* abrió un debate sobre la cuestión, acogiendo numerosas contribuciones que presentaban el genocidio ya no como un «riesgo potencial», sino como una realidad[11]. Para Raz Segal, catedrático de Holocaust and Genocides Studies de la Stockton University (Nueva Jersey, EEUU), Gaza constituye «un caso de genocidio de manual», valoración que comparte Dirk Moses, uno de los estudiosos más autorizados sobre el tema[12]. La intención de aniquilar Gaza en su conjunto también estaba implícita en la declaración de Netanyahu del 28 de octubre, que, mediante una referencia bíblica, evocaba la implacable lucha de los judíos

---

[10] Sobre los orígenes del concepto de genocidio, véase Rafaël Lemkin, *Qu'est-ce qu'un génocide* [1944], prefacio de Jean-Louis Panné, París, Éditions du Rocher, 2008. Sobre la contienda de la que surgió la Convención de la ONU, véase Donald Bloxham, *Genocide on Trial: War Crimes Trials and the Formation of History and Memory,* Nueva York, Oxford University Press, 2001.

[11] Véanse las intervenciones de Raz Segal y Luigi Daniele, Melanie S. Tanielian, Didier Fassin, Shmuel Lederman, Uğur Ümit Üngör, Elyse Sermerdjian, Mark Levene, Zoé Samudzi, Abdelwahab El-Affendi y Martin Shaw.

[12] Raz Segal, «A Textbook Case of Genocide», *Jewish Currents,* 13 de octubre de 2023; A. Dirk Moses, «More than Genocide», *Boston Review,* 14 de noviembre de 2023.

contra los amalecitas (el pasaje del Deuteronomio dice así: «Ahora ve y derrota a Amalec. Conságralo al exterminio con todo lo que posee y no lo perdones, mata a hombres y mujeres, niños y pequeños, vacas y ovejas, camellos y asnos»)[13]. El historiador Omer Bartov, uno de los investigadores firmantes del llamamiento, tiene razón al observar que, nacida bajo el impacto de la Shoah, la Convención de la ONU «puso el listón muy alto», suscitando así la propensión a «identificar el genocidio como un acontecimiento de alcance, claridad ideológica y eficacia burocrática similares» al exterminio de los judíos. Esto, añade, también ha «creado una brecha» entre una definición jurídica que sigue siendo bastante amplia, susceptible de incluir casos muy diferentes, y un imaginario popular para el que un genocidio «debe parecerse al Holocausto para merecer tal nombre»[14]. No todos los genocidios son de la misma magnitud ni utilizan los mismos medios. Se puede exterminar a seres humanos con métodos muy diferentes: proyectiles, cámaras de gas, machetes, deportando a miles de personas a un desierto o a regiones carentes de medios para subsistir, como en Namibia en 1904 o en Anatolia en 1916, generando hambrunas o actuando conscientemente para no evitarlas, como en Bengala en 1943[15], o destruyendo una ciudad mediante bombardeos sistemáticos, planificados por inteligencia artificial. La exterminación de los judíos en Europa respondió a diversos objetivos, entre ellos un imperativo ideológico y racial; los genocidios co-

---

[13] Sobre la declaración de Netanyahu, ampliamente recogida por la prensa, véase Noah Lanard, «The Dangerous History Behing Netanyahu's Amalek Rhetoric», *Mother Jones,* 3 de noviembre de 2023.

[14] Omer Bartov, «Weaponizing Language: Misuses of Holocaust Memory and the Never Again Syndrome», Council for Global Cooperation, 12 de marzo de 2024

[15] Véase Janam Mukherjee, *Hungry Bengal. War, Famine and the end of Empire,* Londres, Harper Collins, 2015.

loniales perseguían la conquista y el sometimiento; otros, como el de los nativos norteamericanos, fueron limpiezas étnicas en las que se buscaba el exterminio para proceder a su sustitución.

La historia de la guerra en Gaza se escribirá en las próximas décadas y sus motivaciones, actualmente confusas, serán cuidadosamente evaluadas; hoy lo que hay que hacer es detenerla. La alarma contra un genocidio en curso cumple esta función. Los comentaristas que interpretan esta advertencia como una forma de antisemitismo dirigida a minimizar el Holocausto o a cuestionar su carácter único solo demuestran lo miope, insensible y dañina que puede llegar a ser una memoria ensimismada convertida en un culto exclusivo y autorreferencial.

Podría observarse que la masacre de Gaza se suma a las sufridas en los últimos años por ciudades como Alepo o Mosul, y que es superada con creces en número de víctimas por los bombardeos que destruyeron las ciudades alemanas, soviéticas o japonesas durante la Segunda Guerra Mundial. Es cierto, pero el martirio de estas ciudades fue el resultado de guerras en las que se enfrentaban enemigos de envergadura análoga. En Alepo y Mosul se combatía conquistando manzanas palmo a palmo, como en Stalingrado. Los civiles podían ser tomados como rehenes, pero estaban atrapados en conflictos en los que los beligerantes querían destruirse mutuamente. El concepto de guerra –utilizado en estas páginas según el uso común que se le ha dado en estos meses– no es del todo apropiado para definir lo que está ocurriendo en Gaza, donde no se enfrentan dos ejércitos, sino donde una maquinaria bélica muy poderosa y sofisticada está eliminando metódicamente un conjunto de centros urbanos habitados por casi dos millones y medio de personas. Se trata de una destrucción unidireccional, continua, inexorable. No estamos ante dos ejércitos, dada la inconmensurable distancia que separa al Tzahal y Hamás, sino ante victimarios y víctimas, y esta es precisamente la lógica del genocidio.

Hay una flagrante hipocresía en el lenguaje ahora convencional que, por un lado, niega a los combatientes de Hamás la condición de adversarios legítimos, reduciéndolos a una vulgar banda de terroristas, y, por otro, define las decenas de miles de civiles palestinos muertos durante el borrado planificado de Gaza como «daños colaterales» o, entre los comentaristas más audaces, como víctimas de «crímenes de guerra». Los crímenes de guerra, intencionados o accidentales, no son el propósito de una guerra, son una de sus consecuencias. Por el contrario, la destrucción de Gaza es el objetivo de la ofensiva israelí. Las facciones más extremistas del Gobierno israelí persiguen objetivos ambiciosos y querrían proceder a una limpieza étnica completa de la Franja abriendo la frontera egipcia. Once ministros del Gobierno de Netanyahu participaron en enero en una concentración de sionistas extremistas a favor de la recolonización de Gaza[16].

Uno de los objetivos de la Convención de la ONU de 1948 era superar las limitaciones de los Juicios de Núremberg, donde los crímenes nazis fueron tratados como crímenes de guerra. Un genocidio no es reducible a un crimen de guerra. Por ello, la Corte Internacional de Justicia de la ONU ha reconocido en su orden de 26 de enero de 2024 que la acusación de genocidio presentada por Sudáfrica es, cuando menos, «plausible» y ha instado a Israel a tomar todas las medidas a su alcance para impedir que su ejército cometa actos de genocidio en la Franja de Gaza. Durante los tres meses siguientes a esta orden, la situación empeoró y, a fina-

---

[16] Betahn McKernan, «Israeli ministers attend conference calling for "voluntary migration" of Palestinians», *The Guardian,* 29 de enero de 2024.

les de marzo, la misma Corte ha emitido una segunda orden para evitar la hambruna que se ha «instalado» en esta tierra devastada. El 20 de mayo, el fiscal de la Corte Penal Internacional solicitó una orden de detención contra Netanyahu y el ministro de Defensa israelí Yoav Gallant. Israel ha hecho caso omiso de estas órdenes, continuando con su campaña homicida, y sus aliados no han hecho nada para impedirlo, al contrario, se han mostrado escandalizados por estas medidas.

2

ORIENTALISMO

Un tópico describe a Israel como una isla democrática en medio del océano oscurantista del mundo árabe y a Hamás como una horda de bestias sedientas de sangre. La historia parece remontarse al siglo XIX, cuando Occidente perpetraba genocidios en nombre de su misión civilizadora[1]. El orientalismo no ha muerto en el mundo global del siglo XXI; la atmósfera sigue saturada de él. Sus axiomas no han cambiado; permanecen fijos en una dicotomía ontológica imaginaria entre civilización y barbarie, progreso y atraso, Ilustración y oscurantismo. Occidente, escribió Edward Said en un famoso ensayo hace más de cuarenta años, es incapaz de definirse a sí mismo si no es en oposición a la alteridad radical de una humanidad colonial, no blanca y jerárquicamente inferior[2]. La diferencia entre la época en que Said escribió *Orientalismo* y hoy radica en que, en el siglo XX, el Occidente conquistador pretendía difundir su Ilustración, mientras que hoy se ve a sí mismo como una fortaleza sitiada.

---

[1] Para una formulación paradigmática de este tópico –el conflict entre civilización (Israel) y barbarie (Hamas)–, véase Yehuda Bauer, «Hamas and Israel Live in Different Worlds», *The Times of Israel,* 5 de noviembre de 2023.

[2] Edward Said, *Orientalism,* Milán, Feltrinelli, 2013 [1978] [ed. cast.: *Orientalismo,* Barcelona, Debolsillo, 2003].

Herida por el «bárbaro» ataque de Hamás, «la única democracia de Oriente Medio» tiene derecho a defenderse: todos nuestros jefes de Estado peregrinaron a Tel Aviv para expresar su solidaridad y su apoyo militar a Netanyahu. Un apoyo que se mantiene inquebrantable incluso después de la resolución del Consejo de Seguridad de la ONU del 25 de marzo de 2024 a favor de un alto el fuego, completamente ilusorio mientras nadie actúe para hacer que se aplique, e incluso después de la sentencia de la Corte Internacional de Justicia que ha reconocido un riesgo de genocidio. Junto a las declaraciones rituales sobre el derecho de Israel a defenderse, nadie menciona nunca el derecho de los palestinos a resistir frente a una agresión que dura desde hace décadas, porque nadie reconoce que los palestinos tienen una historia.

El tropo de la dicotomía entre civilización y barbarie, ahora reformulado como la oposición entre democracia occidental y terrorismo islámico, ha revelado su verdadero significado y ha encontrado su expresión más cínica en las palabras de los portavoces del Tzahal citadas por los medios israelíes +972 *Magazine* y *Local Call*. Los bárbaros de Hamás, afirman estos oficiales, matan a civiles y lanzan cohetes indiscriminadamente contra ciudades israelíes con la esperanza de que algunos no sean interceptados y causen algún daño. En cambio, el Tzahal encarna el progreso tecnológico: sus bombas no son ciegas, sino que eligen sus objetivos con ayuda de inteligencia artificial. Según un antiguo oficial de los servicios secretos, el ejército israelí ha desarrollado un programa llamado *Habsora* (Evangelio) que selecciona automáticamente sus objetivos y funciona como una «fábrica de asesinatos en masa». Como explica otro oficial del Tzahal, «nada ocurre por casualidad. Cuando matan a una niña de tres años en una casa de Gaza, es porque alguien en el ejército decidió que no importaba que la mataran, que era el precio a pagar para alcanzar [otro] objetivo. Nosotros no somos Hamás. No son misiles lanzados al azar. Todo es intencionado. Sabemos exactamente los daños colaterales ocasionados en cada casa»[3].

Las investigaciones que siguieron al asesinato de siete cooperantes internacionales el 1 de abril revelaron la existencia de un segundo plan de eliminación, denominado *Lavender* y confiado a la inteligencia artificial, que supuestamente habría identificado a 37.000 subordinados no combatientes de Hamás susceptibles de ser alcanzados por «bombas tontas» *(dumb bombs),* denominadas de esta forma en oposición a las «bombas inteligentes» *(smart bombs),* pues son menos costosas pero para nada «quirúrgicas». La tragedia se produjo cuando los algoritmos, que no están programados para distinguir el valor de la vida humana en función de la raza, la religión o la ciudadanía, activaron «bombas tontas» contra cooperantes australianos, británicos y polacos. Fue un incidente lamentable: las bombas que alcanzaron este convoy humanitario eran las que se utilizan contra los palestinos porque, según explicó un oficial, «nadie quiere gastar bombas caras en gente sin importancia»[4].

Sería difícil encontrar un ejemplo más elocuente de «racionalidad instrumental», esa razón desvinculada de toda consideración humana y social, en la que primero Max Weber y luego Theodor W. Adorno y Max Horkheimer habían

[3] Yuval Abraham, «"A mass assassination factory": Inside Israel's calculated bombing of Gaza», +972 *Magazine,* 30 novembre 2023 [https://www.972mag.com/mass-assassination-factory-israel-calculated-bombing-gaza/].

[4] Yuval Abraham, «Lavender, the AI machine directing Israel's bombing spree in Gaza», +972 *Magazine,* 3 de abril de 2024 [https://www.972mag.com/lavender-ai-israeli-army-gaza/]. Véase también Benjamin Barthe, «Dans la bande de Gaza, les crimes de guerrev sont démultipliés par les algorithms», *Le Monde,* 9 de abril de 2024.

captado el motor oculto de la civilización occidental[5]. Desde el 7 de octubre, el umbral de tolerancia de los «daños colaterales» se ha ampliado considerablemente, y miles de niños han sido asesinados por bombardeos programados mediante algoritmos de inteligencia artificial. Hasta la fecha, Hamás ha matado «bárbaramente» a casi 1.200 israelíes, entre ellos 800 civiles; el Tzahal ha matado «de forma inteligente» a 34.000 palestinos, quizá una cuarta parte de ellos combatientes de Hamás, y muchos estiman en al menos 20.000 el número de víctimas que siguen bajo los escombros.

Todo está planeado: la destrucción de carreteras, edificios, escuelas, hospitales, universidades, museos, monumentos e incluso cementerios, arrasados por excavadoras; el corte de agua, electricidad, gas, combustible e internet; la denegación del acceso a alimentos y medicinas a los desplazados; la evacuación de más de 1,8 millones de sus 2,4 millones de gazatíes hacia el sur de la Franja, donde vuelven a ser bombardeados; enfermedades, epidemias y ahora hambruna. Tras fracasar en su intento de acabar con Hamás, el Tzahal ha empezado a eliminar a la intelectualidad palestina: académicos, científicos, médicos, administradores, técnicos, periodistas, artistas, intelectuales y poetas. La advertencia de la Corte Internacional de Justicia de la ONU no es algo abstracto: la población palestina de Gaza está sometida a una masacre planificada e implacable, desarraigada y privada de las condiciones más básicas para la supervivencia. La guerra de Israel en Gaza está adquiriendo las características de genocidio, pero no se hace nada. La palabra genocidio está prohibida por los medios de comunicación que, cuando se ven obligados a uti-

---

[5] Max Horkheimer y Theodor W. Adorno, *Dialettica dell'illuminismo* [1947], Turín, Einaudi, 2010 [ed. cast.: *Dialéctica de la Ilustración. Obra completa 3,* Madrid, Akal, 2007].

lizarla, se apresuran a encerrarla entre comillas e invitan a un «experto» a matizar la acusación cuando no se limita a negarla. Aquí nos encontramos en el corazón de la «dialéctica de la razón»: la Corte Internacional de Justicia de la ONU es, en efecto, la expresión jurídica de una idea universal de humanidad heredada de la Ilustración, pero sus principios chocan con los prejuicios orientalistas, que limitan su ámbito de aplicación al interior de las fronteras de Occidente, cuna de la «civilización». El Derecho afirma principios universales, pero las grandes potencias quieren enmarcarlo en sus propios mecanismos de dominación. En sus orígenes, el Derecho Internacional era efectivamente un «derecho público europeo» *(jus publicum europeum),* cuyas normas solo eran válidas dentro del viejo mundo. Las conquistas coloniales quedaban fuera de su jurisdicción y sus principios no se aplicaban a los pueblos colonizados. Hoy, la Corte Internacional de Justicia de la ONU advierte del riesgo de genocidio en Gaza, tras una denuncia de Sudáfrica, mientras que la Corte Penal Internacional ha solicitado órdenes de arresto a Netanyahu y a su ministro de Defensa, acusados de crímenes contra la humanidad por parte de un fiscal británico de origen pakistaní. Este giro hacia el Sur del Derecho Internacional humanitario tiene un gran significado simbólico. El universalismo ha sido siempre Occidente extendiendo sus valores a todo el planeta; sus representantes no tenían lecciones que aprender. Los pueblos del Sur podían ser objeto de la intervención humanitaria occidental, no sujetos del Derecho Internacional. Básicamente, es este cambio simbólico –tanto cultural como político– lo que los jefes de Estado occidentales califican de «escandaloso» e intolerable.

Cuando el orientalismo alcanzó su apogeo a principios del siglo XX, los judíos formaban parte de Occidente como huéspedes no bienvenidos, excluidos y despreciados. Incluso los más poderosos de entre ellos –Gerson von Bleichröder, el banquero de Bismarck, y Walther Rathenau, ministro de Asuntos Exteriores de la República de Weimar, son ejemplos emblemáticos[6]– eran considerados vulgares *parvenus*. Excluidos del poder, los judíos encarnaban la conciencia crítica de Europa. Su pensamiento, señalaba Said, actuaba como «contrapunto» del discurso dominante. Hoy están limpios de toda infamia, se han vuelto completamente «blancos» y se encuentran a gusto dentro de la llamada civilización «judeocristiana». No solo son parte integrante de Occidente, sino que incluso se han convertido en su símbolo. Son amados y adorados por quienes antes los despreciaban y perseguían. En Europa Occidental, la lucha contra el antisemitismo se ha convertido en el estandarte tras el que se agrupan todos los movimientos llamados posfascistas y de extrema derecha, dispuestos a combatir la «barbarie islámica» aun antes de haberse despojado de los viejos prejuicios antisemitas.

En 1949, tras su visita a los restos del gueto de Varsovia, el historiador afroamericano W. E. B. Du Bois creyó comprender que el racismo no se reducía a la «línea de color» *(color line)*[7], sino que era un fenómeno más complejo, como demostraba el genocidio de los judíos. El odio racial también existía dentro de la Europa blanca, y podía ser radical: hacia finales del siglo XIX, iba más allá de las divisiones religiosas y durante la Segunda Guerra Mundial se transformó en una política de exterminio. Ahora que los judíos se han pasado al lado

---

[6] Cfr. Fritz Stern, *Gold and Iron: Bismarck, Bleichröder, and the Building of the German Empire,* Nueva York, Knopf, 1977, y Shulamit Volkov, *Walther Rathenau: Weimar's Fallen Statesman,* New Haven, Yale University Press, 2012.

[7] W. E. B. Du Bois, «The Negro and the Warsaw Ghetto» (1952), en Eric Sundquist (ed.), *The Oxford W. E. B. Du Bois Reader,* Nueva York, Oxford University Press, 1996, p. 625. Véase Michael Rothberg, *Multidirectional Memory. Remembering the Holocaust in the Age of Decolonization,* Stanford, Cal., Stanford University Press, 2009, cap. 4, pp. 111-134.

bueno, Netanyahu parece bien decidido a restablecer la «línea de color». La peculiar alianza entre los supremacistas judíos de Israel y los supremacistas blancos de Estados Unidos, que figuran entre los más entusiastas defensores de las colonias de Cisjordania[8], así como el abrazo entre los halcones de la derecha proisraelí y los dirigentes de Rassemblement National de Marine Le Pen en el Parlamento francés, son prueba elocuente de ello. La paradoja es el retorno de esta imaginaria «línea de color» en un mundo global mezclado e «híbrido», en el que los *wasps* (blancos, anglosajones y protestantes) son ahora una pequeña minoría en Estados Unidos, en el que los países europeos –incluidos aquellos que, como Italia, han «invadido» el mundo durante más de un siglo con sus emigrantes– se han vuelto multiétnicos, y en el que los judíos orientales *(Mizrahi)* procedentes del Magreb y de Oriente Medio constituyen la mitad de la población israelí. La «línea de color» es una representación mental y política que ya no se corresponde con la realidad, sino que es tanto más sólida cuanto más ficticia es.

En los Estados Unidos de la primera mitad del siglo XX, los judíos ocupaban un lugar incatalogable en la sociedad porque, al no ser ni negros ni completamente blancos, desdibujaban las fronteras y resultaba difícil situarlos a una parte u otra de la «línea de color». Nicole Lapierre ha dedicado algunas páginas esclarecedoras al fenómeno de la «mímesis negra», que se hizo célebre en la cultura de masas por *The Jazz Singer (El cantor de jazz),* la primera película sonora, dirigida en 1927 por Alan Crosland, producida por los hermanos Warner y protagonizada por Al Jolson (Asa Yoelson, de origen judío

---

[8] Véase Sylvain Cypel, *L'État d'Israël contre les juifs,* París, La Découverte, 2023, en particular el cap. 4, pp. 121-138, que analiza esta convergencia y el nacimiento de una idea de «pureza racial» en el seno de la sociedad israelí.

lituano). El filme pertenecía a la tradición del *minstrel,* un espectáculo muy popular a principios del siglo XX en el que actores blancos disfrazados de negros abordaban un repertorio de música y bailes afroamericanos. Muy popular entre los actores judíos ya a finales del siglo XIX, este género cómico se ha interpretado tanto como expresión de adhesión a los estereotipos racistas de la época como revelador de una afinidad entre judíos y negros basada en la identificación y el trato entre dos minorías oprimidas. Según Lapierre, el *blackface* incentivaba la americanización de los inmigrantes judíos que, paradójicamente, al disfrazarse de negros, se volvían más blancos. Al imitar las divisiones raciales de la sociedad estadounidense, pudieron entrar en el mundo blanco reproduciendo los estereotipos racistas dominantes. En una época en la que eran víctimas de la discriminación y el antisemitismo, los *minstrels* les ayudaron a situarse en el lado correcto de la «línea de color», entre los blancos. Pero la «mímesis negra» no era solo eso. Al ponerlos en la piel del otro, también estuvo en el origen de la transferencia cultural entre judíos y negros en el siglo XX. La solidaridad resultante encontró su expresión más emblemática en el papel que desempeñaron los judíos en el movimiento contra la segregación y por los derechos civiles de los afroamericanos en las décadas de 1950 y 1960[9].

A lo largo de su historia, el sionismo, nacido como una «mímesis judía» de los nacionalismos europeos, ha intentado poner fin a estas fructíferas formas de criollización y transferencia cultural. En Israel, el establecimiento de esta «línea de color» se ha logrado a través de una serie de meticulosas políticas educativas y culturales, con el apoyo indispensable de los medios de comunicación. En una fascinante autobiogra-

---

[9] Nicole Lapierre, *Causes communes. Des Juifs et des Noirs,* París, Stock, 2011, pp. 274-282

fía, el historiador de la Universidad de Oxford Avi Shlaim traza el viaje que le llevó primero de Iraq a Israel, y luego a la desilusión, la emigración al Reino Unido y una postura claramente antisionista. Nacido en Bagdad, Shlaim fue testigo del ocaso de una comunidad judía que había formado parte de Oriente Medio durante miles de años. En su opinión, la historia de esa comunidad puede dividirse en dos partes, separadas por una fractura temporal en torno a 1950: primero, el Imperio otomano y los Estados que lo sustituyeron; después, el nacimiento de Israel y sus consecuencias regionales. Esta fecha marca una ruptura radical, la división entre dos historias profundamente diferentes, incluso opuestas. Después de 1950, observa Shlaim,

> la historia *mizrahí* o judeoárabe se incorporó a la de Israel, quedando así separada de su ámbito regional mucho más amplio. Los sionistas se interesan obsesivamente solo por la primera parte de la historia judeoárabe, obviando por completo la segunda. Su interés por la primera parte no se inspira en la búsqueda de la verdad, sino en la propaganda destinada a presentar a los judíos como víctimas de una persecución árabe endémica, imagen utilizada para justificar el trato atroz que Israel dispensa a los palestinos. Una historia rica, fascinante y plural queda así reducida a una búsqueda de munición útil en la guerra en curso contra los palestinos.

Esta narrativa, señala Shlaim, «no es historia, es la propaganda de los vencedores»[10]. Una vez llegados a Israel, los judíos del mundo árabe fueron designados como «orientales», una categoría que incluía a todos los no askenazíes (en las

---

[10] Avi Shlaim, *Three Worlds: Memoirs of an Arab-Jew,* Londres, Oneworld Publications, 2023, pp. 16-17.

estadísticas oficiales, se les clasificaba dentro de «Asia/África». Su nueva identidad, señala Yitzhak Laor, los distinguía de los judíos europeos reproduciendo la tradicional oposición colonialista entre Oriente (islam) y Occidente (Europa judeocristiana). Los «orientales» fueron sometidos a un proceso de asimilación para ser considerados verdaderos israelíes. Según Ilan Halevi, este proceso era de «automutilación mental», comparable al descrito por Frantz Fanon en relación con las Antillas francesas[11].

Para los supremacistas judíos de Israel y sus más fervientes admiradores –los evangélicos y los supremacistas blancos de Estados Unidos, junto con sus nuevos aliados de la extrema derecha estadounidense y europea– se ha restablecido la «línea de color». Pero el punto de inflexión va mucho más allá de estas corrientes, que no son más que su expresión paroxística. Como ha señalado Gilbert Achcar, los judíos gozan hoy de la «compasión narcisista» de Occidente[12], el mismo sentimiento que, tras el 11 de septiembre de 2001, había llevado a *Le Monde* a titular en su portada: «Todos somos americanos», un eslogan que sería impensable para hablar de los palestinos. Los segundos, en cambio, despiertan un sentimiento espontáneo de identificación y simpatía en todos los excluidos de Occidente. En Estados Unidos, como en otras partes, algunos movimientos antirracistas como Black Lives Matter han apoyado de inmediato la causa palestina, a veces a costa de ciertas simplificaciones que tienden a reducir una cuestión colonial a su dimensión racial. La piscina pública de mi barrio en Ithaca, Nue-

---

[11] Yitzhak Laor, *Le nouveau philosémitisme européen et le «camp de la paix» en Israël,* París, La fabrique, 2007, p. 113. Véase también Ella Shohat, *Le sionisme du point de vue de ses victimes juives,* París, La Fabrique, 2006.

[12] Cfr. Gilbert Achcar, *Le choc des barbaries: terrorismes et désordre mondial,* París, Syllepse, 2017 [2002], p. 43 [ed. cast.: *El choque de las barbaries. Terrorismo y desorden mundial,* Barcelona, Icaria, 2011].

va York, que lleva el nombre de Alex Haley y es frecuentada principalmente por niños y adolescentes afroamericanos, ha repintado su fachada con los colores de la bandera palestina. La causa palestina se ha convertido en la causa del Sur Global. Hay otra inversión significativa. El Estado de Israel nació en 1948 en las circunstancias excepcionales de la posguerra, como producto tardío de un consenso –la alianza entre las democracias occidentales y la URSS– que se estaba desintegrando al comienzo de la Guerra Fría[13]. La primera guerra contra los países árabes la libró Israel gracias a las armas suministradas por Checoslovaquia. Pero el ideal igualitario encarnado por los *kibutz,* donde la ausencia de árabes permitía evitar la explotación colonial de una mano de obra autóctona, se convirtió rápidamente en una trampa, creando un implacable sistema de exclusión. «Ser anticapitalista en Palestina», escribió Hannah Arendt en 1950, «significaba casi siempre ser antiárabe»[14]. Este proceso continuó metódicamente a lo largo de décadas y guerras con sus vecinos, hasta convertirse en un sistema de *apartheid.* Israel no nació como un «bastión del imperialismo», como reza un cliché tercermundista que en realidad era el deseo inicial de Herzl, sino que se convirtió en ello al final de un largo camino de integración en el campo occidental. Netanyahu es la sombría encarnación de esta metamorfosis.

Aplicando a la historia del sionismo los mismos criterios analíticos que ya había adoptado para interpretar los nacio-

---

[13] Cfr. Dan Diner, *Beyond the Conceivable: Studies on Germany, Nazism, and the Holocaust,* Berkeley, University of California Press, 2000, cap. 12: «Cumulative Contingency: Historicizing Legitimacy in Israeli Discourse», pp. 201-217.

[14] Hannah Arendt, «Peace or Armistice in the Near East?» [1950], *The Jewish Writings,* ed. Jerome Kohn, Ron W. Feldman, Nueva York, Schocken Books, 2007, p. 433.

nalismos europeos, el historiador Zeev Sternhell subrayó con lucidez su matriz «herderiana» y «tribal». Un movimiento nacido en Europa Central a finales del siglo XIX como respuesta a la crisis del liberalismo y al proceso de emancipación no podía escapar a las limitaciones culturales de su época. El socialismo de los padres fundadores (Berl Katznelson, Aron David Gordon y David Ben Gurion) era una capa exterior y superficial que sustentaba un nacionalismo vigoroso y mucho más convencional[15]. Algunos ideólogos sionistas, como Haïm Arlosoroff y Nachman Syrkin, se inspiraban abiertamente en el nacionalismo alemán de Oswald Spengler y Moeller van den Bruck, mientras que Martin Buber, en 1911, se entregaba a una idealización mística de la «sangre» judía. Esto sería más que suficiente para situar a estos intelectuales junto a Barrès, Maurras y Spengler en el campo de la antiilustración[16]. El sionismo, sin embargo, buscaba una solución política a los problemas de un pueblo oprimido. Nació como reacción al antisemitismo, una de las dimensiones de la «gran batalla contra la Ilustración» que iba a dominar el siglo XX, pero quiso combatirlo con las mismas armas e ideas que alimentaban el nacionalismo en toda Europa. Lo que le diferenciaba era su propia mitología, que se basaba en la Biblia para reivindicar una especie de derecho divino y ancestral de los judíos sobre Palestina. Esta contradicción original lo situaba a medio camino entre un movimiento de liberación nacional (que es como se caracterizaba a sí mismo un movimiento sionista de izquierdas como el marxista Poale Zion de Ber Borochov) y un movimiento colonialista clásico. Este último acabó absorbiendo a los otros, agudizando aún más esta tensión: la lucha

---

[15] Zeev Sternhell, *Aux origines d'Israël. Entre nationalisme et sionisme,* París, Fayard, 1996, p. 26.

[16] Zeev Sternhell, *Les anti-Lumières. Du XVIIIe siècle à la guerre froide,* París, Fayard, 2006.

por el refugio se convirtió en la guerra por crear un Estado exclusivo en el que los judíos debían sustituir a las poblaciones indígenas, como ya habían hecho muchos otros colonialistas europeos en Norteamérica, Australia y Sudáfrica. Pero Israel nació en 1948, cuando el mundo entraba en la era de la descolonización y el mundo árabe, en Palestina como en otros lugares, había desarrollado una conciencia nacional. El proyecto del sionismo era construir una sociedad nacional judía sin árabes, y siempre mantuvo un equilibrio entre un componente laico y otro religioso. El primero estaba permanentemente expuesto a los excesos del nacionalismo colonial y jerárquico; el segundo –durante mucho tiempo minoritario dentro del judaísmo– reivindicaba la tierra en nombre del mito bíblico: si los judíos son los habitantes originales y legítimos de Palestina, los palestinos no son más que sus ocupantes abusivos. La colonización no es más que un «retorno», cuya condición necesaria es la expulsión de los intrusos. Estas dos formas de colonialismo, una laica y otra religiosa, siempre han estado inextricablemente unidas dentro del sionismo. Gordon, uno de los teóricos del sionismo laborista, un nacionalista judío ucraniano que se instaló en la Palestina otomana en 1904, combinó en sus escritos los argumentos clásicos del colonialismo (la superioridad racial de los europeos sobre los árabes) con los de la teología. En 1921 se preguntaba: «¿Y qué han creado los árabes durante su estancia aquí? Tales creaciones, aunque solo sean las del Antiguo Testamento, confieren un derecho imprescriptible al pueblo judío que las creó en la tierra donde fueron creadas, sobre todo si los pueblos que vinieron después no crearon nada parecido o nada en absoluto allí»[17].

---

[17] Aron-David Gordon, «Lettres à la diaspora» (1921), *Écrits, t. I. La Nation et le Travail,* Jerusalén, Librairie sioniste, 1952, p. 560 (en hebreo). Citado en Zeev Sternhell, *Aux origines d'Israël,* cit., p. 111.

Subrayando que estas ideas contaban con el «completo asentimiento de todos los padres fundadores», Sternhell concluye que «de hecho, la Biblia ha sido el argumento supremo del sionismo»[18]. En la actualidad, estas dos tendencias, laica y religiosa, se han fusionado en un proyecto teológico-político que adquiere un carácter radical y redentor. En este contexto, el sionismo socialista de los orígenes ha desaparecido propiamente.

En 1896, Theodor Herzl, el padre espiritual de Israel, publicó *Der Judenstaat,* el texto fundacional del sionismo. En él definía el futuro Estado judío como «un puesto avanzado de Europa frente a Asia, la vanguardia de la civilización contra la barbarie *[Vorpostendienst der Kultur gegen die Barbarei]*»[19]. En 2023, los términos de la cuestión siguen siendo más o menos los mismos, pero Netanyahu es mucho más respetado y escuchado que Herzl hace más de un siglo. Herzl abogaba por la pertenencia de los judíos a Occidente dirigiéndose a las elites aristocráticas que lo consideraban un intruso e imploraba la ayuda de las potencias europeas; Netanyahu no oculta su arrogancia e ingratitud hacia Estados Unidos, su protector. Israel ha violado el Derecho Internacional durante décadas y ahora está destruyendo Gaza con armas suministradas por Estados Unidos y varios países europeos (con Alemania e Italia a la cabeza[20]). Estados Unidos

---

[18] *Ibid.*

[19] Theodor Herzl, *Der Judenstaat* [1896], Berlín, Jüdischer Verlag, 1920; *Lo stato ebraico. Tentativo di una soluzione moderna del problema ebraico* [1896], Lanciano, Carabba Editore, 2016, p. 60.

[20] Estados Unidos proporciona a Israel una ayuda militar anual de 3.300 millones de dólares (158.000 millones hasta la fecha); mucho más que Alemania (336 millones, 30%) e Italia (5,9% o 2% según la fuente, 9,6 millones). Este último país, según el ministro de Asuntos Exteriores Tajani, suspendió sus exportaciones después del 7 de octubre. Cfr. Lara Jakes, «For Military Western Allies, sending weapons to Israel gets dicey», *New York Times,* 13 de

podría detener la guerra en unos días, pero no quiere retirar su apoyo a un gobierno corrupto de extrema derecha formado por fundamentalistas, racistas y criminales. No puede hacerlo porque este Gobierno es parte integrante de su orden geopolítico y porque siente una empatía «narcisista» por los israelíes que no puede extender a los árabes. Por tanto, se limitan a hacer recomendaciones y llamamientos a la moderación, sin cuestionar nunca el apoyo económico y militar a su principal aliado. Mientras se niega a adoptar sanciones contra un Estado que ya ha matado a cientos de médicos, personal de enfermería y cooperantes, ha suspendido inmediatamente la financiación de la UNRWA (Agencia de Naciones Unidas para los Refugiados Palestinos en Oriente Próximo) en cuanto el ejército israelí hizo públicas informaciones (nunca probadas) sobre la posible implicación de 12 de sus miembros (de un total de 13.000) en el ataque del 7 de octubre. No parece darse cuenta de que este doble rasero está suscitando la indignación del mundo entero.

abril de 2024; Philippe Lelief, «Israël: qui sont les principaux fournisseurs d'armes?», *Le Monde,* 22 marzo 2024.

3

RAZÓN DE ESTADO

La memoria del Holocausto se celebra ritualmente como religión civil de la democracia y los derechos humanos en la Unión Europea. Hoy, sin embargo, esta «religión civil» tiende a abandonar su vocación original y a identificarse cada vez más con la defensa de Israel y la lucha contra el antisionismo, considerado una forma de antisemitismo. Angela Merkel y Olaf Scholz han declarado en repetidas ocasiones que el apoyo incondicional a Israel tiene fuerza de «razón de Estado» *(Staatsraison)* para Alemania. Desde el 7 de octubre, el Gobierno del canciller Scholz, con el apoyo de los medios de comunicación, ha creado en el país un ambiente de caza de brujas contra cualquier forma de solidaridad con Palestina. Muchos jóvenes alemanes han acabado en comisaría por manifestarse con una bandera palestina (entre ellos varios ciudadanos de origen palestino), hasta el punto de producir la protesta de personalidades judías que dirigen importantes instituciones culturales alemanas[1]. Pero, incluso en este caso, Alemania es solo la expresión paroxística de una tendencia más amplia. Esto explica por qué en muchos países, especialmente en Francia y Estados Unidos, muchos judíos han alzado la voz para decir «no en mi nombre».

---

[1] Véase el posicionamiento de Susan Neiman, directora del Einstein Forum en Potsdam: «Germany on Edge», *New York Review of Books,* 3 de noviembre de 2023.

La referencia de Merkel y Scholz a un concepto tan ambiguo como el de «razón de Estado» resulta curiosa y reveladora. Es bien sabido que evoca una cara oculta y oscura del poder. Habitualmente identificada con el pensamiento de Maquiavelo, aunque esta formulación no aparece en sus escritos, hace referencia a la transgresión no reconocida de la ley en nombre de un imperativo superior de seguridad. Es invocando la «razón de Estado» como los servicios secretos de los Estados que han abolido la pena de muerte planean la ejecución de terroristas y otros criminales que suponen una amenaza para el orden público. Para Maquiavelo y Friedrich Meinecke, sus teóricos, y también para sus administradores menos nobles como Paul Wolfowitz, la razón de Estado alude a un poder político que viola sus propios principios éticos en nombre de un interés superior, normalmente el interés del poder –lo que Maquiavelo llamaba «las grandes cosas»– o incluso, más prosaicamente, el interés personal del príncipe. En resumen, la «razón de Estado» refiere a validar a un conjunto de acciones ilegales e inmorales que constituyen una especie de cara oculta de la ley.

Un perspicaz historiador del pensamiento político como Norberto Bobbio resumió el concepto de razón de Estado: «Por "razón de Estado" se entiende ese conjunto de principios y máximas en función de las cuales acciones que no estarían justificadas si las realizara un individuo, no solo lo están, sino que en algunos casos incluso se ensalzan y glorifican si las lleva a cabo el príncipe o quienquiera que ejerza el poder en nombre del Estado»[2]. El hecho de que la misma

---

[2] Norberto Bobbio, *Teoria generale della politica,* ed. Michelangelo Bovero, Turín, Einaudi, 1999, p. 119 [ed. cast.: *Teoría general de la política,* Madrid, Trotta, 2009].

acción pueda considerarse censurable si la realiza un individuo y loable si la lleva a cabo el Estado, continúa Bobbio, revela la brecha existente entre la política y la moral, y allana el camino al llamado «realismo político», que pisotea la moral para afirmar el poder. Bobbio desarrolla su argumentación citando a Gabriel Naudé, un ávido lector de Maquiavelo. En sus *Consideraciones políticas sobre los golpes de Estado* (1639), Naudé subrayaba los méritos de la masacre de los protestantes llevada a cabo por católicos franceses en París la noche de San Bartolomé (1572) en nombre de la razón de Estado. Como tantas «tragedias sangrientas» que la habían precedido, la masacre de los hugonotes estaba a sus ojos plenamente justificada. No había duda de su «barbarie», pero, en su opinión, «esta empresa fue más que oportuna, notable y justificada por razones más que suficientes»[3]. Esta apología de la masacre no pretendía sino ilustrar la teoría de que el fin justifica los medios. Estos mismos argumentos fueron utilizados por los ideólogos de la Administración Bush tras el 11 de septiembre de 2001 para invadir Iraq. Tras la «razón de Estado» no hay democracia, hay Guantánamo.

Así, cuando Alemania apoya a Israel invocando su propia *Staatsraison,* está admitiendo de forma implícita el carácter moralmente dudoso de su política. Somos muy conscientes de que Israel comete crímenes, le dice básicamente Scholz a Netanyahu, pero estos medios moralmente reprobables son necesarios y están «plenamente justificados» porque consolidan vuestro poder, un objetivo que Alemania comparte incondicionalmente. Es en nombre de esta razón de Estado que toleramos vuestros crímenes.

---

[3] *Ibid.,* pp. 173-174. Cfr. Gabriel Naudé, *Considérations politiques sur les coups d'État* [1639]*,* ed. de Lionel Leforestier, Maxime Leroy y Frédérique Marin, París, Le Promeneur, 2004.

Sin duda, esta postura degrada la imagen de Alemania ante la opinión pública internacional y parece cuestionar algunos principios fundamentales de la democracia liberal, como la libertad de expresión y el debate democrático en un espacio público abierto al pluralismo de ideas. Así, se reprimen las manifestaciones en solidaridad con Palestina, se censura la bandera palestina, se detiene a numerosos activistas y no se permite a personalidades que son objeto de reconocimiento internacional participar en encuentros contra la guerra israelí. La censura de la filósofa estadounidense Nancy Fraser y la denegación de visados al exministro de Finanzas griego Yanis Varoufakis y al cirujano británico Ghassan Abu-Sittah, que deberían haber estado presentes en Colonia y Berlín, demuestran de forma indiscutible esta censura antidemocrática. Son muchos los que observan que Gaza es el enésimo genocidio puesto en marcha o aprobado por Alemania en poco más de un siglo, tras el exterminio de los herero y los nama en la Namibia colonial y la aniquilación de judíos y gitanos durante la Segunda Guerra Mundial. A estas alturas, circula por las redes un chiste especialmente mordaz: «Alemania no podía dejar pasar esta oportunidad: cuando hay genocidio, siempre está del lado del verdugo». El 9 de noviembre del año pasado —una fecha fatídica en la historia alemana, que conmemora desde la caída del imperio guillermino hasta la del Muro de Berlín, pasando por los pogromos de la Noche de los Cristales Rotos de 1938—, las autoridades berlinesas tuvieron la idea de proyectar una estrella de David en la puerta de Brandeburgo, en el corazón de la ciudad, con el lema *Nie wieder ist jetzt!* (¡Nunca más es ahora!). Esta estrella de David, utilizada como las esvásticas que decoraban los edificios y monumentos de las ciudades alemanas en tiempos de Hitler, producía un efecto francamente escalofriante. Caricatura grotesca de la propaganda nazi, cuyo estilo reproducía en el momento en que Israel desataba su campaña contra Gaza, este símbolo abrió un inquietante resquicio en el inconsciente nacional alemán.

Sin embargo, el apoyo incondicional a Israel tiene ciertas ventajas. Traslada la carga de la culpa histórica germana a los hombros de los palestinos, lo que permite a Alemania presentarse como un enemigo inflexible del antisemitismo; posiciona claramente la política exterior de Berlín en el campo occidental; por último, marca un giro xenófobo en la política interior, convirtiendo la lucha contra el antisemitismo en un arma para disciplinar y meter en cintura a los inmigrantes y a las minorías identificadas con el islam. ¿Qué hay de malo en discriminar a inmigrantes y musulmanes si es para defender a los judíos? Algunos diputados conservadores –pertenecientes a los mismos partidos que apoyaron a Nolte hace cuarenta años– querrían introducir una cláusula de apoyo a Israel como condición para obtener el permiso de residencia[4]. Omer Bartov ha señalado que, con su interpretación de la «singularidad» del Holocausto, Alemania «se ha colocado en una posición muy dudosa desde el punto de vista moral» que consiste, por un lado, en trivializar sus propios crímenes coloniales y, por otro, en «negar la culpabilidad de Israel en la actual destrucción de Gaza, incluidos el asesinato y la muerte por hambre de decenas de miles de civiles palestinos»[5].

Hoy día, este apoyo incondicional a Israel está empañando la cultura democrática, la educación y la memoria construidas a lo largo de varias décadas, en particular tras el *His-*

---

[4] Cfr. Pankaj Mishra, «Memory Failure», *London Review of Books* 46, 1 (4 de enero de 2024). Esra Özyürek, *Subcontractors of Guilt. Holocaust, Memory and Muslim Belonging in Postwar Germany,* Stanford, Cal., Stanford University Press, 2023.

[5] O. Bartov, «Weaponizing Language», cit.

torikerstreit y la reunificación. Esta política proyecta una sombra siniestra sobre el Memorial del Holocausto que se alza en el corazón de Berlín: en lugar de materializar una conciencia histórica atormentada, las virtudes de la memoria y los ritos del luto, aparece ahora como un fastuoso símbolo de hipocresía nacional.

4

NOTICIAS FALSAS SOBRE LA GUERRA

En 1921, el historiador Marc Bloch escribió un interesante ensayo sobre la difusión de noticias falsas en tiempos de guerra. Al principio del primer conflicto mundial, inmediatamente después de la invasión de Bélgica, los periódicos alemanes comenzaron a reportar informaciones –cuyo número no dejó de aumentar en el transcurso de las semanas– sobre increíbles atrocidades perpetradas por «belgas de ambos sexos» que se comportaban como «bestias sedientas de sangre». Las noticias eran obviamente inventadas, pero en el clima creado por la guerra se presentó de inmediato como una verdad indiscutible. La mentira, escribe Bloch, «se propaga, se expande y finalmente vive con una sola condición: encuentra en la sociedad en la que se difunde un caldo de cultivo favorable. En ella, los hombres expresan inconscientemente sus prejuicios, sus odios, sus miedos, todas sus emociones fuertes»[1]. Estos rumores, leyendas, mitos y mentiras surgen siempre de representaciones colectivas preexistentes. Las *fake news,* escribe Bloch, son «el espejo en el que "la conciencia colectiva" contempla sus propios rasgos»[2]. Y añade que, desde el momento en que se derramó sangre, las noticias falsas quedaron definitivamente validadas: «Hombres

[1] Marc Bloch, «Riflessioni di uno storico sulle false notizie della guerra» (1921), en *La Guerra e le false notizie. Ricordi (1914-1915) e riflessioni,* Roma, Donzelli, 1994, p. 84.
[2] *Ibid.,* p. 104.

movidos por una rabia ciega y brutal, pero auténtica, habían prendido fuego y disparado; lo que ahora les importaba era mantener una fe absolutamente cierta en la existencia de "atrocidades", que era lo único que podía dar a su furia una apariencia de justicia»[3].

Al leer la prensa occidental en las semanas que siguieron al ataque del 7 de octubre, los historiadores debieron de experimentar una curiosa sensación de *déjà vu*. Los mitos antisemitas más antiguos parecían haberse reactivado de repente para volverse contra los palestinos. Bloch tenía razón cuando señalaba que las noticias falsas y las leyendas siempre han «colmado la vida de la humanidad»[4]. Muchos historiadores de la Inquisición y el antisemitismo han estudiado el papel desempeñado por la mitología del «asesinato ritual» desde la Edad Media hasta la Rusia zarista. El rumor de que los judíos mataban a niños cristianos para utilizar su sangre con fines rituales se difundía regularmente antes de que estallara un pogromo. Del mismo modo, después del 7 de octubre, la mayoría de los medios de comunicación occidentales, incluidos muchos periódicos que suelen considerarse serios, publicaron informaciones falsas sobre mujeres embarazadas destripadas, docenas de niños decapitados y bebés arrojados a hornos por combatientes de Hamás. Periodistas de televisión dijeron con gesto severo e indignado que tenían imágenes terribles de atrocidades que no difundían para no herir a los espectadores. Estas invenciones puestas en circulación por el ejército israelí fueron inmediatamente aceptadas como pruebas –Joe Biden, Antony Blinken y varios ministros de gobiernos europeos las repitieron en sus discursos– para ser abandonadas o desmentidas en voz baja unas semanas más

---

[3] *Ibid.*, p. 99.
[4] *Ibid.*, p. 82.

tarde[5]. Para desmontar estas horribles fantasías y revelar su origen, había que ver Al Jazeera o consultar páginas web de contrainformación. La rectificación de estas mentiras fue especialmente discreta en los medios tradicionales; era importante no perturbar la narrativa dominante de la barbarie de Hamás, el odio antisemita y la victimización de Israel. Hace unos años, el mundo de los estudios judíos se vio sacudido por una polémica que tuvo un considerable impacto mediático. En el centro de la controversia se encontraba un libro titulado *Pasque di sangue* (2007), dedicado al mito antisemita del asesinato ritual[6]. Su autor, el historiador Ariel Toaff, es profesor de la Universidad Bar Ilan e hijo del antiguo rabino de Roma. Imprudente y poco riguroso en el tratamiento de las fuentes, Toaff llegaba a la conclusión de que los procesos inquisitoriales no siempre eran falsos: entre los siglos XII y XVI, los askenazíes de la región de Trento habrían cometido varias veces asesinatos rituales, llevados por su odio a los cristianos por violar las prescripciones bíblicas. Acogido con entusiasmo por algunos historiadores católicos conservadores, su obra provocó una avalancha de críticas: varios historiadores cuestionaron sus conclusiones tras desmontar sus investigaciones y argumentos. Toaff fue censurado por la Knesset [la asamblea legislativa israelí] y repudiado por su padre. Pidió disculpas, decidió retirar el libro (que entretanto se había agotado) y volvió a publicarlo un año después con

---

5 Uno de los casos más flagrantes de desinformación fue el del *New York Times,* que nombró a Anat Schwartz, exoficial de inteligencia de las Fuerzas Aéreas israelíes, enviada especial para cubrir la guerra de Gaza. Sus «investigaciones», basadas principalmente en comunicados del ejército, han sido objeto de varios desmentidos.

6 Para una reconstrucción crítica de este debate, véase Sabina Loriga, «Une vieille affaire? Les Pâques de sang d'Ariel Toaff», *Annales. Histoire, Sciences Sociales* 63, 1 (2008), pp. 143-172. Cfr. Ariel Toaff, *Pasque di sangue. Ebrei d'Europa e omicidi rituali,* Bolonia, Il Mulino, 2008.

un epílogo que corregía y matizaba sus tesis. El debate había sido muy vivo en la prensa italiana, mucho más allá de los círculos académicos, y había encontrado eco en diversos países. Es curioso que los grandes diarios, tan cuidadosos a la hora de publicar artículos desmintiendo la falsa noticia de un crimen ritual perpetrado en Trento en 1457, fueran tan discretos, por no decir negligentes y superficiales, cuando se trataba de desmentir la falsa noticia de bebés judíos arrojados a hornos por islamistas fanáticos, falsa noticia que ellos mismos habían difundido ampliamente unos días antes.

5

ANTISIONISMO Y ANTISEMITISMO

La prensa y, sobre todo, los canales de noticias nos advierten constantemente de que el antisemitismo aumenta en todas partes. No informan de episodios aislados, denunciando un viejo prejuicio que, en las actuales circunstancias de la crisis de Oriente Próximo, intenta resurgir. No, describen una gigantesca ola de antisemitismo que recorre todo el planeta desde el 7 de octubre. Los campus universitarios estadounidenses son el epicentro, al igual que lo fueron del movimiento contra la guerra de Vietnam hace sesenta años. El *New York Times* ha publicado una serie de testimonios y reportajes destinados a resaltar esa analogía. La comparación no es errónea, porque en Estados Unidos no se habían visto movilizaciones de una magnitud similar desde la guerra de Vietnam. Los estudiantes son conscientes de ello. En los años sesenta había un ejército estadounidense operando en el Sudeste Asiático; hoy, Israel está destruyendo Gaza con armas suministradas por Estados Unidos. Como sus antecesores, los estudiantes de hoy han comprendido que su acción es crucial para detener la masacre, que sus manifestaciones no son simples gestos de solidaridad, sino un levantamiento orgánicamente vinculado a la resistencia palestina. En ambos casos, estos movimientos han sido violentamente condenados e incluso reprimidos. En la época de la guerra de Vietnam, los estudiantes que ocupaban los campus y quemaban la bandera estadounidense eran pintados como enemigos del mundo libre, comunistas y totalitarios. Hoy, se les considera espantosos antisemitas.

La acusación es tan grave como falsa. Cuando participo en las manifestaciones en favor de Palestina en el campus de la Universidad de Cornell veo a muchos estudiantes judíos, a menudo con pancartas firmadas por sus asociaciones. En las concentraciones, estudiantes y profesores judíos –a veces incluso estudiantes israelíes– expresan su rabia por la masacre perpetrada en Gaza. Unidos en torno a una reclamación de justicia e igualdad, judíos y palestinos muestran sus sentimientos fraternales. Cuando llego a casa y enciendo la televisión, no tengo que hacer ningún esfuerzo, revisando los principales canales estadounidenses o europeos, para toparme con una tertulia dedicada al antisemitismo del movimiento contra la guerra. Mike Johnson, presidente de la Cámara de Representantes, está en todos los canales. Rodeado de policías y de personas que exhiben banderas israelíes, a todas luces demasiado mayores para ser estudiantes, se ve a Johnson denunciando el antisemitismo al borde del campamento propalestino de la Universidad de Columbia, en Nueva York. Poco después, le vuelvo a ver en una rueda de prensa, y luego de nuevo en una ceremonia en el Museo Conmemorativo del Holocausto. Ahora bien, este señor, miembro del Partido Republicano y ardiente partidario de Donald Trump, lleva tres años y medio diciendo que Joe Biden robó las elecciones. ¿Debemos considerar a los estudiantes que se manifiestan por Palestina como feos antisemitas y a los asaltantes del Capitolio en enero de 2021 como auténticos defensores de la democracia? Tengo la impresión de que los periodistas, enviados especiales y reporteros que, después de haber estado en los campus estadounidenses, a veces con equipos enteros de fotógrafos y cámaras, nos hablan del antisemitismo de los estudiantes estadounidenses, mienten y deshonran su profesión.

La realidad es que el antisemitismo se ha convertido en un arma. No el antisemitismo del pasado, que se dirigía contra los judíos, sino un nuevo antisemitismo imaginario que sirve para criminalizar las críticas a Israel. El movimiento contra la guerra es muy amplio y diverso, tanto en Estados Unidos como en Europa. Dentro de esta vasta constelación destacan claramente tres sensibilidades principales. La primera es la de los jóvenes de origen poscolonial, nacidos en Europa o América en familias de origen africano o asiático. Para estos jóvenes, la causa palestina es una nueva etapa en la lucha contra el colonialismo. También están los afroamericanos, que identifican la liberación de Palestina con una lucha global contra el racismo y la desigualdad. Al igual que las de los negros, las vidas de los palestinos «cuentan» *(Black Lives Matter);* Israel ha establecido un sistema de *apartheid* para los palestinos comparable al que existió en Sudáfrica. Por último, están los jóvenes que están reviviendo una tradición universalista e internacionalista específicamente judía, una tradición que siempre se ha manifestado al margen del sionismo, cuando no en contra de él. Muchos de ellos son «judíos no judíos» en el sentido de Isaac Deutscher: «herejes» que participan en una tradición judía al tiempo que trascienden el judaísmo[1]. Otros son «dreyfusianos» en el sentido de Pierre Vidal-Naquet, judíos que no toleran la discriminación, la opresión y el asesinato en su nombre, como los franceses que apoyaron la causa argelina en nombre de cierto ideal republicano de igualdad y justicia[2]. En el siglo XX, esta tradición situó a los judíos en la vanguardia de todos los movimientos emancipadores. Evidentemente, sigue muy viva y debemos

---

[1] Isaac Deutscher, *Essais sur le problème juif,* París, Payot, 1969, p. 36.
[2] Pierre Vidal-Naquet, *Mémoires. Le trouble et la lumière 1955-1998,* París, Seuil/La Découverte, 1998, p. 159.

alegrarnos. La campaña mediática que denuncia el supuesto antisemitismo de los estudiantes que se movilizan por Palestina es un ataque directo a estas tres corrientes. Al equiparar antisionismo y antisemitismo se matan tres pájaros de un tiro, al golpear al anticolonialismo, al antirracismo y al anticonformismo judío. El antisionismo y el antisemitismo siempre han mantenido una relación muy ambigua. Por un lado, un movimiento nacionalista judío solo podía encontrar la hostilidad de los nacionalismos europeos, que tenían en el antisemitismo uno de sus elementos constitutivos. Por otro lado, el sionismo trató desde el principio de utilizar el antisemitismo para conseguir sus propios fines. Los antisemitas querían expulsar a los judíos, los sionistas intentaban convencerlos de que emigraran a Palestina; así pues, antisemitas y sionistas podían llegar a un acuerdo. El caso más llamativo de esta convergencia entre enemigos declarados fue el Acuerdo Haavara, firmado en 1933 entre el régimen nazi, un banco británico y la federación sionista alemana, que favorecía el traslado de los judíos a Palestina fijando las modalidades (impuestos, expropiaciones, etcétera)[3]. El acuerdo naufragó en los años siguientes: los nazis querían deshacerse de los judíos pero, desde luego, no deseaban el nacimiento de un Estado judío, y un pacto de ese tipo era ciertamente mal visto por quienes condenaban el antisemitismo y promovían el boicot económico al Tercer Reich.

No cabe duda de que, sobre todo en la derecha, muchos antisionistas eran antisemitas. Tras el nacimiento de Israel, el mundo árabe importó de Europa muchos estereotipos antisemitas, que alcanzaron amplia difusión justo cuando experi-

---

[3] Para una síntesis del debate historiográfico en torno al Acuerdo Haavara, véase Hava Eshkoli-Wagman, «Yishuv Zionism: Its Attitude to Nazism and the Third Reich Reconsidered», *Modern Judaism* 19, 1 (1999), pp. 21-40.

mentaban un fuerte retroceso en sus lugares de origen. Este es un hecho indiscutible. Pero igualmente indiscutible es que el sionismo siempre ha sido criticado, a menudo rechazado con vehemencia, por una parte muy amplia del mundo judío. La lista de intelectuales judíos antisionistas llenaría varios volúmenes. El sionismo fue uno de los muchos productos del proceso de secularización y modernización que atravesaron el mundo judío en Europa a partir del siglo XIX, siendo minoritario durante mucho tiempo. Hoy la situación ha cambiado, porque Israel es un Estado y, en un mundo laico, la memoria de la Shoah y la existencia de Israel han pasado a formar parte de la identidad judía en la diáspora[4]. Pero la situación ha cambiado principalmente porque la derecha conservadora e incluso la extrema derecha se han convertido en ardientes defensores del sionismo, al considerar que los inmigrantes árabes y los musulmanes funcionan mucho mejor que los judíos como chivos expiatorios. Los antisemitas de ayer son hoy los que más denuncian el antisionismo como una forma de antisemitismo. El caso italiano es paradigmático: atacando al antisionismo, los «posfascistas», herederos de las leyes raciales de 1938 ahora en el Gobierno, pueden afirmar su apoyo a Israel y su pertenencia al bando occidental, estigmatizar a la izquierda y llevar a cabo políticas xenófobas contra los inmigrantes.

Así se ha llegado a la situación actual, en la que una persistente campaña mediática pinta a los estudiantes propalestinos como antisemitas. En algunas universidades estadounidenses se han creado listas negras y muchos estudiantes han sido amenazados con sanciones por su participación en manifestaciones contra el genocidio de Gaza. El sagrado princi-

---

[4] Cfr. Daniel Lindenberg, *Figures d'Israël. L'identité juive entre marranisme et sionisme (1648-1998),* París, Hachette, 1997.

pio de la libertad de expresión *(free speech)* se relativizó de la noche a la mañana cuando empezó a molestar a los poderosos financiadores de las grandes universidades, que de este modo han reconocido que no solo eran espacios de libertad intelectual sino también, y sobre todo, *corporations*. La asociación antisionista Jewish Voice for Peace ha sido prohibida en varios campus. En Italia, las manifestaciones de apoyo a Palestina fueron brutalmente reprimidas (hasta el punto de que el presidente Sergio Mattarella tuvo que intervenir para recordar el derecho de manifestación, distanciándose con ello del Gobierno). En Francia, en diciembre de 2023, el ayuntamiento de París suspendió una conferencia promovida por varias asociaciones antirracistas, entre ellas Tsedek, un movimiento judío antisionista, en la que se había anunciado la presencia de la filósofa Judith Butler (judía estadounidense). Tras esto, la École Normale Supérieure aplazó hasta nuevo aviso dos conferencias previstas para marzo de 2024. Los responsables de la política cultural de la ciudad explicaron –presumiblemente bajando los ojos y sonrojándose de vergüenza– que no querían ser cómplices de una iniciativa antisemita. El primer ministro Gabriel Attal acudió al Institut d'Études Politiques de París –sin ser invitado y en flagrante violación de la autonomía universitaria– para anunciar sanciones contra activistas propalestinos, después de que una estudiante sionista fuera expulsada de un anfiteatro donde quería hacer fotos a los organizadores de un encuentro sobre Palestina para denunciarlos en las redes. Aunque los estudiantes judíos, incluidas algunas asociaciones, son activos y muy visibles en las concentraciones y manifestaciones contra el genocidio en Gaza, de inmediato se difundió una noticia falsa, ampliamente recogida por los medios, según la cual estudiantes antisemitas habrían expulsado de la universidad a ciertos estudiantes judíos «por ser judíos». En Nueva York empezaron a circular por los alrededores de la Universidad de Columbia furgonetas con grandes paneles en los que aparecían fotos de estudiantes propalestinos con sus nombres y el estigma de «antisemitas», una triste parodia de la Alemania nazi de 1935, en la época de las Leyes de Nuremberg, cuando se hacía desfilar por las calles a los judíos desfilaban con un cartel al cuello en el que se leía: *Jude.*

«Nos creemos fácilmente lo que necesitamos creer»[5], señala Bloch en su texto. Podríamos dar muchos ejemplos. Después de la Segunda Guerra Mundial, muchos antiguos deportados comunistas de los campos nazis negaron la existencia de los gulags. En Francia, algunos de ellos declararon ante los tribunales para defender a la revista *Les Lettres nouvelles,* denunciada por David Rousset por las mentiras de su campaña prosoviética[6]. Su mitología se desplegaba como un silogismo tan simple como eficaz en el contexto de la época: la URSS es un país socialista, el socialismo es la libertad y, por consiguiente, no pueden existir campos de concentración en la URSS. Quien diga esto es un mentiroso; el gulag no es más que una invención de la propaganda estadounidense. Una mentira similar se propaga hoy entre muchas personas que están convencidas de que Israel, un país nacido de las cenizas de la Shoah, no puede perpetrar un genocidio. Los judíos fueron víctimas de un genocidio; Israel nació como respuesta al antisemitismo y como refugio para sus víctimas; por lo tanto, Israel no puede cometer genocidio. Los relatores de la ONU que afirman esto son unos mentirosos, promotores de una perniciosa propaganda antisemita. Israel sería una verdadera democracia y la ocupa-

---

[5] M. Bloch, «Riflessini di uno storico sulle false notizie della Guerra», cit., p. 99.

[6] Para una vision de conjunto de este proceso, véase Tzvetan Todorov, «Le procès de David Rousset et sa signification», *Histoire et Liberté* 43 (2010), pp. 63-69.

ción de los territorios palestinos una medida necesaria contra una amenaza vital, o la consecuencia de un despiste, de un exceso –el mencionado síndrome de Nolte– en un país amenazado. La inocencia de Israel estaría inscrita en su código genético. La fe implica a veces la negación de la realidad. El orientalismo es el caldo de cultivo de los mitos, mentiras y *fake news* que rodean esta crisis. Al invertir la realidad, ha surgido una nueva narrativa que convierte a Israel en víctima: el antisionismo es una forma de antisemitismo; el anticolonialismo ha revelado finalmente su matriz antioccidental, fundamentalista y antisemita. Los conspiradores «judeo-bolcheviques» de antaño han pasado a ser la «izquierda proislámica» *(islamo-gauchiste)* de hoy. En los últimos meses, esta mitología se ha extendido al igual que lo hicieron las *fake news* sobre la guerra de 1914.

Una inversión de la realidad de este calado no puede quedar sin consecuencias. Combatir el antisemitismo será cada vez más difícil después de haber desfigurado y distorsionado su naturaleza de un modo tan descarado. El riesgo de banalización es muy real: si se puede librar una guerra genocida en nombre de la lucha contra el antisemitismo, muchas personas honradas empezarán a pensar que sería mejor abandonar una causa tan dudosa. Nadie podrá evocar el Holocausto sin despertar sospechas e incredulidad; muchos llegarán a creer que se trata de un mito inventado para defender los intereses de Israel y sus aliados. La memoria de la Shoah como «religión civil» –la sacralización ritual de los derechos humanos a través del recuerdo de las víctimas[7]– perderá todas sus virtudes pedagógicas.

---

[7] Cfr. Enzo Traverso, *La fine della modernità ebraica. Dalla critica al potere,* Milán, Feltrinelli, 2013, cap. 7, «Memoria: la religione civile dell'Olocausto», pp. 149-165 [ed. cast.: *El final de la modernidad judía. Historia de un giro conservador,* Valencia, Universitat de València, 2013].

En el pasado, esta «religión civil» ha servido de paradigma para construir la memoria de otros crímenes y genocidios, desde las dictaduras militares en América Latina hasta el Holodomor en Ucrania, desde Bosnia hasta el genocidio tutsi en Ruanda. Si esta memoria sacralizada e institucionalizada se utiliza para apoyar a Israel y perseguir a los defensores de la causa palestina como antisemitas, es probable que las consecuencias sean devastadoras. Nuestras orientaciones morales, epistemológicas y políticas se verían irremediablemente enturbiadas. Ciertas premisas de nuestra conciencia moral y política –la distinción entre el bien y el mal, opresor y oprimido, verdugo y víctima– quedarían anuladas. Esto debilitaría nuestro concepto de democracia, que no es solo un dispositivo jurídico-político o un sistema institucional, sino también una cultura, una memoria y un legado histórico. El antisemitismo, que, según todos los análisis serios, está históricamente en declive[8], experimentaría un resurgimiento espectacular. Por eso, a pesar de la buena fe de muchos de sus participantes, la manifestación de París contra el antisemitismo del 12 de noviembre de 2023 –convocada por todos los partidos que apoyan la masacre de Gaza, con la participación de la extrema derecha– no solo fue indecorosa, por no decir indecente, sino que tuvo efectos políticos profundamente regresivos.

---

[8] Según Nonna Mayer, que elabora un informe anual sobre el racismo y el antisemitismo para la Comisión Nacional Consultiva de Derechos Humanos de Francia, «desde 1990, esta encuesta nos demuestra que la tolerancia hacia todas las minorías va en aumento, aunque sigue existiendo una jerarquía entre ellas, que va desde los romaníes, el grupo más rechazado, hasta los negros y los judíos, los grupos más aceptados», cfr. *Le Monde,* 10 de noviembre de 2023. Esto se aplica a todos los países europeos y americanos.

6

VIOLENCIA, TERRORISMO, RESISTENCIA

Benny Morris es quizá el más famoso de los historiadores «revisionistas» israelíes que han documentado –ampliamente– la expulsión de los palestinos durante la guerra de 1948 (lamentándose, dicho sea de paso, de que no se hubiera completado esta limpieza étnica). Un libro suyo titulado *Víctimas* describe las masacres perpetradas entonces en las aldeas palestinas por el Irgún, la organización sionista de extrema derecha dirigida por Menahem Begin. La más famosa tuvo lugar el 9 de abril en Deir Yassin, no lejos de Jerusalén, donde fueron masacradas unas 200 personas. Deir Yassin se recuerda no tanto por su importancia militar, que fue muy limitada, ni por el número de víctimas, pues fue una de las muchas matanzas de aquella guerra, sino más bien, explica Morris, por «las atrocidades cometidas por las tropas del IZL y el LHI [unidades militares del Irgún y del Lehi, otra organización hebrea paramilitar, también conocida como la Banda de Stern] durante la batalla e inmediatamente después». Los acontecimientos se desarrollaron de la siguiente manera:

> Familias enteras [fueron] acribilladas a balazos y fragmentos de metralla, y [quedaron] enterradas bajo los escombros de sus casas, hombres, mujeres y niños [fueron] abatidos mientras huían de sus hogares, los prisioneros [fueron] pasados por las armas. Y, después de la batalla, grupos de ancianos, mujeres y niños [fueron] transportados en camio-

nes descubiertos por las calles de Jerusalén Oeste en una especie de «triunfo» al estilo de la antigua Roma, antes de ser «descargados» en la parte oriental (árabe) de la ciudad[1].

Algunos han considerado las atrocidades del 7 de octubre como «el peor pogromo de la historia desde la Shoah», otros como el producto de una larga secuencia de violencia israelí. Por supuesto, no tienen justificación: décadas de ocupación no disminuyen el horror de la matanza de niños israelíes, del mismo modo que la historia del antisemitismo no puede invocarse para justificar el genocidio en Gaza. El hecho es que la violencia del 7 de octubre vio la luz en un contexto explosivo. Cometer una carnicería durante una *rave party* es sin duda un crimen abominable que debe ser castigado, pero una *rave party* al amparo de un muro electrificado junto a una cárcel a cielo abierto no es tan inocua como un concierto en una sala de conciertos parisina. En el Berlín dividido de los años 70, se organizaban conciertos de rock junto al muro para que la gente del otro lado los pudiera escuchar. El mensaje era sencillo: nos gustaría estar con vosotros y este concierto es una protesta contra el muro que nos separa. La rave party del Néguev, en cambio, se celebraba con total indiferencia hacia lo que ocurría al otro lado del muro electrificado. Gaza no existía. Tarde o temprano la olla a presión tenía que estallar.

El ataque del 7 de octubre fue atroz. Cuidadosamente planificado, fue mucho más mortífero que la masacre de Der Yassin u otras similares cometidas por el Irgun en 1948. Su propósito era sembrar el terror y, no hace falta decirlo, no es justificable, pero debe ser analizado y no simplemente condenado. La controversia sobre la relación entre el fin y los

---

[1] Benny Morris, *Vittime. Storia del conflitto arabo-sionista 1881-2001*, Milán, Rizzoli, 2001, p. 265.

medios viene de antiguo[2]. No todos los medios son aceptables para alcanzar un fin, al contrario, cada fin requiere medios adecuados: no se puede conquistar la libertad matando a sabiendas a personas inocentes. Sin embargo, estos medios incongruentes y reprobables se han empleado en una lucha legítima contra una ocupación ilegal, inhumana e inaceptable. Como señaló el presidente de la ONU, António Guterres, el 7 de octubre no surgió de la nada. Fue la consecuencia extrema de décadas de ocupación, colonización, opresión y humillación. Toda forma de protesta pacífica fue reprimida con sangre, los Acuerdos de Oslo fueron saboteados por Israel desde el principio y la Autoridad Palestina, totalmente impotente, se convirtió en una especie de policía auxiliar del Tzahal en Cisjordania.

En octubre de 2023, Israel se disponía a «negociar la paz» con sus vecinos árabes a costa de los palestinos, y sus dirigentes reconocían abiertamente el objetivo de seguir ampliando los asentamientos en Cisjordania. De repente, Hamás lo ha vuelto a poner todo patas arriba, imponiéndose como un actor ineludible en el conflicto. Su ataque puso de manifiesto la vulnerabilidad de Israel, golpeado con una violencia extrema dentro de sus fronteras. Gracias a Hamás, los palestinos parecían capaces de pasar a la acción y no solo de sufrir[3]. Esto

---

[2] Véase, entre otros ejemplos, el debate de 1930 entre el escritor libertario Victor Serge, el marxista León Trotski y el filósofo liberal John Dewey recogido en el volumen editado por David Salner *Their Morals and Ours: Marxist Vs. Liberal Views on Morality,* Nueva York, Pathfinder Press, 1973. He resumido los temas de esta controversia en *A ferro e fuoco. La guerra civile europea 1914-1945,* Bolonia, Il Mulino, 2007, pp. 198-204 [ed. cast.: *A sangre y fuego. De la guerra civil europea (1914-1945),* Valencia, Universitat de València, 2009, pp. 205-207].

[3] Uno de los análisis más lúcidos del ataque del 7 de octubre y de los motivos de Hamás lo ofreció, pocos días después, Adam Shatz, «Vengeful Pathologies», *London Review of Books* 45, 20, 19 de octubre de 2023.

puede parecer lamentable si se mira con ojos europeos o estadounidenses, pero una parte de los palestinos no ocultó su satisfacción por la masacre del 7 de octubre. Por una vez, el terror, la impotencia, el miedo y la humillación habían cambiado de bando. La *Schadenfreude* es también un sentimiento humano, como la tímida sonrisa en los rostros de los deportados cuando las noticias de los bombardeos de las ciudades alemanas llegaban a los presos de Auschwitz.

La violencia palestina tiene la fuerza de la desesperación. Brota de una «comunidad de dolor y resentimiento», como la define Jean-Pierre Filiu[4], forjada por décadas de ocupación despiadada que ha convertido la Franja de Gaza en una «prisión al aire libre». No se trata de idealizarlo, pero hay que comprender sus raíces. Hamás es popular entre una gran proporción de palestinos, eso es un hecho. Es popular sobre todo entre los jóvenes de Cisjordania, entre los que no puede afirmar su influencia por medios coercitivos. Es popular porque lucha contra la ocupación. Nacido en 1987 tras la primera Intifada como rama política y militar de los Hermanos Musulmanes, el mayor movimiento islamista conservador de Oriente Próximo, Hamás se fortaleció tras el fracaso de los Acuerdos de Oslo. En 2000, la segunda Intifada le dio un nuevo vigor. En 2006, ganó las elecciones en Gaza desbancando a una Autoridad Palestina ampliamente desacreditada. Ha condenado el Holocausto y el antisemitismo, declarando que su lucha no es contra los judíos, sino contra el Estado sionista[5]. En sus nuevos estatutos de 2017 abandonó el plan de destruir Israel y adoptó la idea de un Estado palestino dentro de las fronteras de 1967, es decir, Cisjordania,

---

[4] Jean-Pierre Filiu, *Histoire de Gaza,* París, Fayard, 2012, p. 159.
[5] Bassem Naeem, «Hamas Condemns the Holocaust», *The Guardian,* 12 de mayo de 2008.

Gaza y Jerusalén Este[6]. La respuesta israelí fue la masacre de marzo de 2018 mencionada anteriormente. Mientras Hamás desarrollaba una estrategia política para sustituir una opción militar estéril, Israel cerraba las puertas a cualquier diálogo, Netanyahu declaraba su oposición a un Estado palestino, sus gobiernos ampliaban los asentamientos en Cisjordania, trasladaban la capital a Jerusalén y «congelaban» Gaza. El 7 de octubre fue la reacción inevitable.

Todos los dirigentes de Hamás, muchos de los cuales nacieron en campos de refugiados, han estado en cárceles israelíes, en ocasiones durante muchos años; todos han sufrido intentos de asesinato y, de hecho, la mayoría han muerto, sobre todo los que vivían en Gaza, en bombardeos selectivos en los que perecieron con sus esposas e hijos. Ismaïl Haniyeh, jefe del buró político en el exilio en Qatar, ha perdido a sesenta miembros de su familia, varios de sus hijos y nietos han sido asesinados por drones. Este es el trasfondo del extremismo de Hamás. ¿Debemos criticar el fundamentalismo, el autoritarismo, la naturaleza antidemocrática, misógina y reaccionaria de este movimiento? Sin duda alguna. En una sociedad libre, Hamás sería sin duda el principal enemigo de la izquierda. En las circunstancias actuales, opone resistencia militar al genocidio que se está produciendo. Hoy goza de la indulgencia de los palestinos que sufrieron bajo su dictadura. No se fusila a dirigentes que defienden una ciudad sitiada. Durante la Segunda Guerra Mundial, nos cuenta la historiadora Anne Applebaum, muchos *zeks*, deportados de los gulags soviéticos, pidieron ser reclutados en el Ejército Rojo. Los prisioneros, señala, estaban «embargados por sentimientos patrióticos». Según muchos relatos, «lo peor que tuvieron que soportar, recluidos en un

---

6 Voir Pierre Prier, «Qu'est-ce que le Hamas?», *Orient XXI*, 13 de diciembre de 2021.

campo de concentración, fue no poder ir al frente a luchar»[7]. Un gran número de intelectuales occidentales declararon su admiración por Stalin, e incluso las mentes lúcidas que denunciaban sus rasgos totalitarios no dudaban de la necesidad de apoyar a la URSS en la lucha contra la invasión alemana. Una vez más, los contextos históricos son muy diferentes, pero la simpatía de que goza Hamás entre los palestinos y dentro del mundo árabe tiene las mismas raíces.

El ataque del 7 de octubre, en el que murieron cientos de civiles israelíes, pretendía sembrar el terror y, obviamente, puede describirse como un acto terrorista. Matar y herir a civiles, incluidos ancianos y niños, era innecesario y siempre ha sido perjudicial para cualquier causa emancipadora. Es un crimen que nada puede justificar y debe ser condenado. Sin embargo, la necesaria condena de este tipo de acciones no cuestiona la legitimidad –reconocida por el Derecho Internacional– de la resistencia a la ocupación, una resistencia que también implica el uso de las armas. El terrorismo ha sido a menudo apoyado y practicado por los movimientos de liberación nacional, y los milicianos de Hamás encajan perfectamente en la definición clásica del «partisano»: un combatiente irregular movido por una fuerte motivación ideológica, arraigado en un territorio, que actúa en el seno de una población que lo protege. Los combatientes de Hamás, que se mueven con rapidez y soltura por un laberinto de túneles, poseen un carácter «telúrico» que ciertamente no los hace invulnerables, pero sí difíciles de eliminar[8]. Por eso, al recurrir a los algoritmos de

---

[7] Anne Applebaum, *Gulag. A History,* New York, Anchor Books, 2004, pp. 448-449 [ed. cast.: *Gulag. Historia de los campos de concentración soviéticos,* Barcelona, Debate, 2018].

[8] Cfr. Carl Schmitt, *Teoria del partigiano* [1962], posfacio de Franco Volpi, Milán, Adelphi, 2005, p. 32 [ed. cast.: *Teoría del partisano. Acotación al concepto de lo político,* Madrid, Trotta, 2022].

inteligencia artificial, el ejército israelí mata a todo el mundo. En la práctica, los soldados del Tzahal atacan indiscriminadamente, incluidos adolescentes, mujeres y niños definidos como «escudos humanos» y convertidos así en objetivos legítimos. En Cisjordania, es habitual arrestar a familiares de combatientes palestinos y condenarlos a penas de detención administrativa que puede durar meses o años. Hamás, que no es un Estado, solo puede tomar rehenes y lanzar cohetes. El terrorismo de Hamás es el reverso dialéctico del terrorismo del Estado israelí. El terrorismo nunca es bonito ni emocionante, pero el de los oprimidos es generado por el de sus opresores. Los terroristas que matan a niños en un *kibutz* son repugnantes, pero no lo son menos los francotiradores que matan a niños en la calle o vuelan un convoy humanitario; ambos deben ser condenados. El hecho es que no podemos equiparar la violencia de un movimiento de liberación nacional con la de un ejército de ocupación, porque su legitimidad no es la misma. El delito del primero radica en el uso de medios ilícitos; el del segundo, en su propia finalidad, de la que se deriva.

El concepto de terrorismo siempre ha sido controvertido y difícil de definir. La única diferencia normativa que separa a los combatientes de un grupo o una organización terrorista de los soldados de un ejército es de tipo jurídico: los primeros no poseen el estatuto legal que confiere la pertenencia a un Estado. Esta diferencia se expresa por regla general, aunque no siempre, en la vestimenta, que en los ejércitos implica uniformes, rangos, etcétera. Las ideologías, los valores, la moral y los modos de actuar pueden variar considerablemente tanto entre los movimientos terroristas como entre los ejércitos, aunque estos últimos suelen disponer de medios de destrucción mucho más potentes[9].

---

[9] Sobre estos asuntos, véanse las interesantes observaciones de Nicolas Tavaglione, «Les habits de la mort. Sur la différence morale entre terrorisme et guerre légale», *Raisons politiques* 41 (2001), pp. 141-169.

Postular la superioridad ética de los ejércitos sobre los grupos terroristas es un prejuicio que la historia ha refutado innumerables veces. Conviene recordar estas consideraciones, bastante obvias, en estos años –a partir del 11 de septiembre de 2001– en los que la lucha contra el terrorismo se ha convertido en una especie de imperativo categórico que parece poder prescindir de cualquier argumentación o interpretación crítica.

En un famoso y controvertido capítulo de *Los condenados de la tierra* (1961), Frantz Fanon subraya el carácter liberador de la violencia ejercida por los oprimidos: «El hombre colonizado se libera en y por la violencia»[10]. En su prefacio, Jean-Paul Sartre va más allá y apoya sin reservas la violencia anticolonial en todas sus formas. El 7 de octubre ha marcado el retorno de la violencia palestina tras el fracaso de los acuerdos de paz de Oslo. Esto no significa que esta opción sea eficaz o inevitable, pero sería difícil negar que es una consecuencia de este naufragio, un naufragio conscientemente perseguido por todos los gobiernos israelíes durante treinta años. Sería insensato alegrarse de esta vuelta a la violencia, pero no se puede subestimar la importancia de este giro histórico. Explicarlo invocando los argumentos habituales –el fanatismo islámico, la barbarie de Hamás o el antisemitismo atávico– sería una mala excusa, una forma de esconderse detrás de los propios prejuicios. Si nos limitamos a evaluar la relación de fuerzas, en la terrible competición entre la violencia israelí y la palestina, la única vencedora posible es la primera. Pero Vietnam y, más recientemente, Afganistán nos han enseñado

---

[10] Frantz Fanon, «Les damnés de la terre» (1961), *Œuvres,* prefacio de Achille Mbembe, introducción de Magali Bessone, París, La Découverte, 2011, p. 489 [ed. cast.: *Los condenados de la tierra,* Pamplona, Txalaparta, 1999]. Veáse también Adam Shatz, *The Rebel's Clinic. The Revolutionary Lives of Frantz Fanon,* Nueva York, Farrar, Strauss and Giroux, 2024.

que, en la guerra, las relaciones de fuerzas no se miden solo en términos militares, y que la resistencia armada puede servir para acabar con un adversario mucho más poderoso cuando su dominación se ha vuelto tan ilegítima que resulta costosa, ineficaz y contraproducente. El Vietcong no habría derrotado a un ejército que poseía helicópteros, bombarderos y rociaba regiones enteras con napalm si la guerra estadounidense no se hubiera hecho insostenible dentro de las propias fronteras de Estados Unidos. Los dirigentes israelíes y sus aliados no parecen haberlo comprendido.

En un célebre texto de 1966 cuyo título original, *Jenseits von Schuld und Sühne,* es «Más allá de la culpa y la expiación», Jean Améry escribe que en los campos nazis la violencia era «el único medio de restablecer un equilibrio en una personalidad que [había] perdido su centro». Era a través de la violencia, y no apelando a su «esencia humana abstracta», como habría afirmado su humanidad; su dignidad se expresaba «dando un puñetazo en la cara» de su opresor[11]. Una de las tareas más difíciles, observó un par de años más tarde mientras leía a Fanon, «es transformar la violencia estéril y vengativa en violencia liberadora y revolucionaria». Merece la pena citar su argumentación:

> La libertad y la dignidad, para ser tales, deben conquistarse mediante la violencia. Una vez más: ¿por qué? No temo introducir aquí el tema tabú de la venganza, que Fanon evita. La violencia vengativa, a diferencia de la violencia opresiva, crea una igualdad negativa, una igualdad en el sufrimiento. La violencia represiva es la negación de la igualdad y, por tanto, del hombre. La violencia revolucionaria es altamente

---

[11] Jean Améry, *Intellettuale a Auschwitz* [1977], presentación de Claudio Magris, Turín, Bollati Boringhieri, 1987, p. 148.

humana. Sé que es difícil acostumbrarse a esta idea, pero es importante examinarla, aunque solo sea en el ámbito etéreo de la especulación. Si ampliamos la metáfora de Fanon, el oprimido, el colonizado, el preso de un campo de concentración, tal vez incluso el esclavo asalariado sudamericano, deben poder ver los pies del opresor para humanizarse, y viceversa, para que el opresor, que no es humano cuando desempeña su papel, se humanice a sí mismo[12].

Es necesario superar esta etapa terrible, puramente negativa, de «igualdad en el sufrimiento», pero la violencia ejercida por el oprimido, escribió Fanon, «desintoxica»[13]. Décadas de política memorialista centrada casi exclusivamente en el sufrimiento de las víctimas, destinada a presentar la causa de los oprimidos como el triunfo de la inocencia, han eclipsado una realidad que parecía evidente en otros tiempos. Los oprimidos se rebelan recurriendo a la violencia, y su violencia no es bella ni idílica, a veces incluso resulta espantosa. En un notable texto sobre la historia de la esclavitud, Saidiya Hartman cita el testimonio de un colono francés de las Antillas:

Aquel día maldito era el 23 de noviembre de 1733, a las tres de la mañana. Los negros del señor Soetman, ayudados por otros, derribaron la puerta de su amo mientras dormía, le ordenaron levantarse y, tras desnudarle, le obligaron a cantar y bailar. Luego, tras atravesarle el cuerpo con una espada, le cortaron la cabeza, le desmembraron y se lavaron con su sangre. A su ejecución se sumó la de su hija

---

[12] Jean Améry, «Die Geburt des Menschen asu dem Geiste des Violenz» [1968], en *Werke Bd. 7, Aufsätze zur Politik und Zeitgeschichte,* ed. de Stefan Steiner, Stuttgart, Klett-Cotta, 2005, p. 443.

[13] Frantz Fanon, «Les damnés de la terre», cit., p. 496.

Hissing, de trece años, que fue asesinada sobre el cadáver de su padrastro[14].

Este horror, señala Hartman, fue su «acto inaugural de la revuelta».

En 1966, el Festival de Venecia concedió el León de Oro a *La battaglia di Algeri (La batalla de Argel),* de Gillo Pontecorvo, una obra maestra que ha pasado a formar parte del canon de la cultura poscolonial, así como de la historia del cine. Una escena crucial de la película muestra a mujeres argelinas que, maquilladas y vestidas a la occidental, entran en cafés frecuentados por jóvenes franceses para colocar bombas. El asesinato de civiles, por lamentable que sea, siempre ha sido el arma de los débiles en las guerras asimétricas, utilizado por el FLN argelino, por la OLP antes de Oslo, por el CNA de Nelson Mandela, por el FNL vietnamita que atacaba burdeles en Saigón llenos de soldados estadounidenses, e incluso por los terroristas del Irgun, ya mencionados, que ponían bombas contra los británicos antes del nacimiento de Israel (el atentado contra el Hotel King David de Jerusalén en julio de 1946 causó 91 muertos y 46 heridos, no solo británicos sino también árabes y judíos). Esto también vale, aunque tendemos a olvidarlo, para los movimientos de resistencia europeos durante la Segunda Guerra Mundial.

En Italia después de los «años de plomo» y en el resto del mundo después del 11 de septiembre de 2001, especialmente tras los atentados islamistas de 2015 en París, nuestro léxico ha cambiado. Décadas de paz, democracia y relativa prosperidad nos han llevado a interiorizar el rechazo de la violencia —en la que Norbert Elias percibía el rasgo esencial del proceso

---

[14] Saidiya Hartman, *Perdi la madre. Un viaggio lungo la rotta atlantica degli schiavi* [2007], Nápoles, Tamu, 2021, p. 119.

civilizatorio[15]–, extendiendo espontáneamente nuestras normas a contextos muy diferentes del nuestro. Pero esta propensión, por comprensible que sea, es anacrónica y falsa. En su ya clásico libro sobre la resistencia como guerra civil, Claudio Pavone observaba que «las palabras *terror* y *terrorismo* se emplean de forma promiscua en las fuentes de la Resistencia, sin inhibiciones y sin los ecos que hoy suscitan los acontecimientos italianos e internacionales de los últimos años»[16]. En su magistral historia de los GAP (Grupos de Acción Patriótica), los resistentes que practicaban la lucha armada en las ciudades, Santo Peli ha estudiado minuciosamente la organización de los atentados destinados a golpear a las fuerzas de ocupación en cualquier sitio, no solo en sus cuarteles generales sino en medio de la sociedad civil. En muchas ciudades, el GAP organizó acciones espectaculares con bombas que estallaban en bares, restaurantes, cines y burdeles frecuentados por el enemigo. A finales de 1944, esta actividad adquirió tales proporciones que el Partido Comunista, a través de una carta de Pietro Secchia, les pidió que «pusieran fin a este sistema de lucha que nos hace perder la simpatía de la gente»[17]. Giorgio Bocca, que antes de convertirse en un famoso periodista fue partisano en Piamonte, describió este terrorismo de la Resistencia como un «acto de moralidad revolucionaria», destacando ciertos rasgos que hoy serían generalmente condenados. El terrorismo de la resistencia, escribió Bocca,

---

[15] Norbert Elias, *Il processo di civilizzazione* [1939], Bolonia, Il Mulino, 1988 [ed. cast.: *El proceso de la civilización. Investigaciones sociogenéticas y psicogenéticas,* México, Fondo de Cultura Económica, 1987].

[16] Claudio Pavone, *Una Guerra civile. Saggio sulla moralità nella Resistenza,* Turín, Bollati Boringhieri, 1991, p. 493.

[17] Cfr. Santo Peli, *Storie di GAP. Terrorismo urbano e Resistenza,* Turín, Einaudi, 2017, p. 209.

no se hace para impedir el del ocupante, sino para provocarlo, para exacerbarlo. Es una autolesión premeditada: busca heridas, castigos, represalias, para implicar a quienes vacilan, para cavar la zanja del odio. Es una pedagogía despiadada, una lección feroz. Los comunistas la consideran, con razón, necesaria y son los únicos capaces de aplicarla de inmediato[18].

Terroristas eran también los combatientes del MOI (Main d'oeuvre immigrée), la sección de combatientes inmigrantes del Partido Comunista Francés, en su mayoría judíos centroeuropeos, armenios, republicanos españoles y antifascistas italianos, que lucharon contra la ocupación alemana durante la Segunda Guerra Mundial. Su actividad consistía principalmente en organizar atentados en las ciudades. Denunciados en su momento por los nazis como «terroristas judeo-bolcheviques», los militantes del MOI no se limitaron a tender emboscadas y asesinar a oficiales, sino que detonaron bombas en los cafés y restaurantes frecuentados por los ocupantes alemanes[19]. Un episodio de *L'Armée du crime* (2009), la her-

---

[18] Giorgio Bocca, *Storia dell'Italia partigiana,* Bari, Laterza, 1966, p. 135. Citado también S. Peli, *Storie di GAP,* cit., p. 28.

[19] Sobre la historia del *groupe Manuchian,* cuyos miembros aparecieron en un cartel alemán difundido por las calles de París en 1944 conocido como el *Affiche rouge,* inmortalizado más tarde por un poema de Louis Aragon, véanse Philippe Robrieux, *L'Affaire Manouchian, vie et mort d'un héros communiste,* París, Fayard, 1986, y Benoît Rayski, *L'Affiche rouge,* París, Denoël, 2009. Sobre Manouchian, inmigrante armenio superviviente del genocidio otomano de 1915-1916, poeta y comunista, cuyos restos fueron trasladados al Panteón el año pasado, existe actualmente una vasta literatura hagiográfica que evita escrupulosamente calificarlo de «terrorista». Hace cuarenta años, el cineasta Mosco Boucault dedicó un hermoso documental al grupo del *Affiche rouge,* basado en los testimonios de numerosos miembros del MOI que sobrevivieron a la guerra, titulado *Des terroristes à la retraite,* disponible actualmente en el canal Arte (con el título ligeramente modificado, poniendo entre comillas el sustantivo *«terroristes»*).

mosa película de Robert Guédiguian dedicada a Missak Manouchian, el poeta armenio que dirigió el MOI en París, muestra las vacilaciones y dudas que asaltaban a estos combatientes a la hora de llevar a cabo acciones que acabaran con la vida de civiles. Celestino Alfonso entra en el hotel donde se celebra una recepción de la Kommandantur. Hay una orquesta, gente bailando, soldados, oficiales y prostitutas. Echa un vistazo, desiste de poner la bomba y sale del hotel, porque no quiere matar a inocentes. Lo mismo le pasa a Marcel Rayman, el más joven del grupo, que inmediatamente decide sustituirle y cree tener más valor. Manouchian se muestra contrariado; al final todos se van con las manos vacías. Podemos suponer que estos dilemas eran aún más dramáticos que como Guédiguian los escenifica en su película. Santo Peli cita el testimonio de Maria Teresa Regard, una miembro romana del GAP de 19 años, que describió el trauma y el «profundo malestar» de su primer atentado el 16 de diciembre de 1943:

> En Via Cola di Rienzo Francesco, Pasquale y yo seguimos un rato a un fascista uniformado. Fue Pasquale quien le disparó. Al ver al fascista desplomarse en la acera, y al darse cuenta de que era un joven más o menos de nuestra edad, en lugar de alejarse Pasquale permaneció inmóvil, sacudido por un temblor convulso y con arcadas. Nos tocó a Francesco y a mí cogerle del brazo y arrastrarle a la fuerza[20].

La línea divisoria entre el terrorista y el combatiente no siempre es clara; ambas figuras se solapan. La imagen sublime del combatiente como héroe inmaculado es un mito; la imagen estereotipada del terrorista como un salvaje, un faná-

---

[20] S. Peli, *Storie di GAP,* cit., p. 64.

tico exaltado y cruel, embriagado por la *hybris* de la muerte y la sangre, es igualmente falsa.

La violación ha sido siempre un arma de guerra especialmente despreciable, utilizada por prácticamente todos los ejércitos, incluidos los que libran guerras justas. En los últimos años, ha ocurrido en Afganistán, Iraq, Nigeria y Ucrania. En mayo de 1945, la entrada del Ejército Rojo en Berlín fue una pesadilla para decenas de miles de mujeres alemanas. Las octavillas del Ejército Rojo instaban a los soldados a tratarlas como botín de guerra[21]. Hoy día, según diversos testimonios, tanto los combatientes de Hamás como los soldados israelíes han cometido violaciones (no se han encontrado pruebas porque, tras difundir los rumores más fantasiosos sobre las atrocidades de Hamás, el Estado Mayor del Tzahal impide cualquier investigación al respecto). Según Pramila Patten, responsable del organismo de la ONU creado para tratar la cuestión de la violencia sexual durante los conflictos, muchos testimonios coincidentes indican que dichas violaciones tuvieron lugar. Sin embargo, no se sabe si fueron planeadas por Hamás o alentadas por el Tzahal, sobre todo durante los interrogatorios que tuvieron lugar después del 7 de octubre. Lo cierto es que la violencia sexual de los combatientes palestinos recibió mucha más cobertura mediática que la de Israel, como han señalado muchas feministas árabes[22]. ¿Podemos distinguir entre soldados y «terroristas» en este marco? El furor mediático en torno a las violaciones coincidió con una censura reveladora. *Un detalle menor,* la novela de la escritora palestina Adania Shibli, cuya ceremonia de entrega del premio LiBeraturpreis fue cancelada en la Feria

---

[21] Cfr. Miriam Gebhardt [2015], *Crimes Unspoken. The Rape of German Women at the End of the Second World War,* Cambridge, Polity Press, 2017.

[22] Véase Azadeh Moaveni, «What They Did to Our Women», *London Review of Books* 46, 9 (9 de mayo de 2024).

del Libro de Frankfurt en octubre de 2023 por censores con altísimos principios morales, narra la violación y asesinato de una joven palestina por soldados israelíes durante la Nakba de 1949[23].

Hay algo curioso en estos editoriales y artículos que no pueden pronunciar o escribir la palabra *Hamás* sin acompañarla del adjetivo «bárbaro». Nuestra época, tan proclive a la retórica de los «derechos humanos», en la que la violencia «telúrica» de la lucha partisana suscita horror y desaprobación, se ha acostumbrado a la violencia de los bombardeos de área o en alfombra, a los objetivos enfocados en una pantalla, a las «bombas inteligentes», a los supuestos ataques «quirúrgicos» seleccionados por algoritmos que arrasan ciudades habitadas por millones de personas. Nuestros «derechos humanos» se invocan con regularidad para legitimar nuestras «guerras humanitarias» más hipócritas y odiosas. Pero la guerra requiere la *union sacrée,* una opinión pública unánime y compacta. El resultado es que, cuando Francesca Albanese, relatora especial de la ONU para los territorios palestinos, denuncia el genocidio de Israel, se la acusa de complicidad con el terrorismo.

La masacre del 7 de octubre debe condenarse, y la ideología fundamentalista de sus autores puede sin duda criticarse, pero negar que Hamás pertenece a la resistencia palestina invocando su naturaleza terrorista no es serio ni útil. ¿No deberíamos entonces negar el estatus de resistentes a los comunistas –la mayoría de los combatientes antifascistas, incluidos los héroes del MOI– con el pretexto de que su partido apoyaba una ideología y un régimen totalitarios? Podemos emitir juicios, expresar apoyo, crítica o condena, pero no tenemos autoridad para dictaminar si una persona o grupo

---

[23] *Un detalle menor* [2017], Gijón, Hoja de Lata, 2019.

concreto pertenece a la resistencia palestina. Podremos discutir los orígenes y transformaciones de Hamás, o las circunstancias que han permitido su desarrollo, cuando Israel liberó a sus dirigentes y alentó su creación para debilitar a la OLP y dividir el bando palestino[24]. Sin embargo, estas consideraciones no anulan la realidad de un movimiento cuyos combatientes luchan contra un ejército de ocupación.

Los países occidentales se niegan a negociar con Hamás (aunque lo hacen a través de Qatar), pero muestran una cortesía exquisita cuando se trata de reunirse con Netanyahu y los miembros de su Gobierno, definidos ahora como criminales (culpables de crímenes de guerra y crímenes contra la humanidad), del mismo modo que los dirigentes de Hamás, por un fiscal de la Corte Penal Internacional. Nunca han pedido la liberación de Marwan Barghouti, detenido desde hace más de veinte años y único dirigente palestino en posición de negociar con Israel como representante reconocido tanto de Cisjordania como de Gaza. Exigen ritualmente el respeto del derecho humanitario, pero siguen suministrando armas a Israel y se niegan a condenar una guerra destinada a perpetuar una ocupación ilegal. El doble rasero adoptado con Ucrania y Palestina –el Derecho Internacional invocado contra Rusia y luego ignorado cuando es Israel quien lo pisotea– suscita incomprensión e indignación en todas partes.

---

24 Ya en marzo de 2019, Netanyahu, en una reunión del Likud, declaraba lo siguiente: «Quien quiera impedir la creación de un Estado palestino debe apoyar el fortalecimiento de Hamás [...]. Esto forma parte de nuestra estrategia: separar a los palestinos de Gaza de los de Judea y de Samaria [Cisjordania]», citado en Adam Raz, «A brief history of the Netanyahu-Hamas alliance», *Haaretz,* 20 de octubre de 2023.

7

RECUERDOS CRUZADOS

Décadas de ocupación solo pueden generar frustración y violencia, y desde luego no un deseo de diálogo y reconocimiento mutuo. En estas circunstancias, una negociación de paz tendría que imponerse desde el exterior, pero resulta evidente que los Estados que podrían forzarla no tienen la intención de hacerlo. Un diálogo entre dos visiones radicalmente opuestas de la realidad es imposible. En 1948, los palestinos fueron desposeídos y erradicados, escribió Edward Said, mientras que Israel afirma haber conquistado su independencia; los palestinos fueron privados de sus tierras y expulsados por centenares de miles, mientras que Israel afirma haber recuperado tierras que pertenecen a los judíos por decreto bíblico; los palestinos han sufrido décadas de ocupación y privación de sus derechos, pero Israel afirma actuar en nombre de un pueblo de víctimas. Así ha surgido una narrativa unilateral que celebra la historia de una parte e ignora o niega la de la otra. Durante mucho tiempo, en paralelo al reconocimiento de Israel como entidad nacional, sellado primero por la ONU en 1948 y confirmado después por los tratados de reparación con Alemania Federal en la década siguiente, fue habitual negar el carácter nacional de los palestinos, adscribiéndolos a un mundo árabe genérico[1]. Mientras Palestina

---

[1] Véanse Rashid Khalidi, *Palestinian Identity. The Construction of Modern National Consciousness* [1997], Nueva York, Columbia University Press,

seguía siendo algo abstracto e inasible, Israel adquiría progresivamente una dimensión simbólica que trascendía en gran medida sus fronteras. En Europa y Estados Unidos, observó Said, Israel nunca es tratado como un Estado, sino más bien como «una idea, una especie de talismán»[2], el delator de una mala conciencia cuya expiación puede subcontratarse, como siempre se ha hecho en un orden desigual y jerárquico. Son los palestinos quienes pagan la deuda que Europa ha contraído con los judíos a lo largo de los siglos.

Como parte del mundo occidental, Israel ha adoptado el lenguaje y los viejos prejuicios racistas, que ahora traslada a los palestinos. Fanon subrayó el maniqueísmo del mundo colonial, en el que el colonizado estaba permanentemente deshumanizado y animalizado: «el lenguaje del colonizador, cuando habla del colonizado, es un lenguaje zoológico»[3]. Este lenguaje se ha impuesto ahora en Israel. Por ejemplo, el ministro de Defensa, Yoav Gallant, ha declarado que, en Gaza, Israel está luchando contra «animales humanos»[4]. Esta retórica no es nueva; ya en 1983, Rafael Eitan, jefe del Estado Mayor del ejército, describió a los palestinos como «cucarachas drogadas dentro de una botella»[5]. Cualquiera que esté familiarizado con la historia del antisemitismo, desde Drumont hasta Hitler, no tendrá dificultad en rastrear la genealogía de esta retórica. Con singular simetría, a través de un sistema de vasos comunicantes, el riquísimo arsenal de estereotipos antisemitas creado en Europa desde finales del siglo XIX se ha

---

2009; Elias Sanbar, *Il Palestinese. Figure di un'identità: le origini e il divenire,* Milán, Jaca Book, 2005.

[2] Edward Said, «Riflessioni su Israele», en *La pace possible,* cit., p. 92.

[3] Frantz Fanon, «Les damnés de la terre», cit., p. 456.

[4] Oliver Holmes y Ruth Michaelson, «Israel declares siege of Gaza as Hamas threatens to start killing hostages», *The Guardian,* 10 de octubre de 2023.

[5] Tony Judt, «Prefazione», en E. Said, *La pace possibile,* cit., p. 21.

importado a Oriente Próximo, donde prospera hoy día, incluso en sus formas más grotescas como *Los protocolos de los sabios de Sión,* fácilmente accesibles en internet y en las librerías de las capitales árabes.

Este injerto en Oriente Medio del antisemitismo europeo ha reforzado así la narrativa sionista: detrás del atentado del 7 de octubre no hay décadas de opresión y negación de los derechos palestinos, sino antisemitismo, el odio eterno e incurable contra los judíos. El ataque del 7 de octubre se convirtió en un «pogromo», como si Hamás estuviera en el poder y los israelíes fueran una minoría oprimida como lo eran los judíos en el imperio zarista. Benjamin Netanyahu ya se ha distinguido en un torpe intento de reescribir la historia explicando que el gran muftí de Jerusalén habría sido la fuente de inspiración de Hitler y que Hamás –como Arafat en el pasado– no sería más que la reencarnación del nazismo[6]. Esto no es nada nuevo.

Exasperados por la proliferación de estos relatos mitológicos y por la violencia que alimentan, algunos intelectuales han buscado sus orígenes. En 1988, el periodista israelí Yehuda Elkana, testigo de diversas atrocidades durante la guerra del Líbano seis años antes, atribuyó esta propensión a un «profundo miedo existencial» que tiende a hacer del pueblo judío la eterna víctima de un mundo hostil. Esta convicción, que evidentemente no ha desaparecido cuarenta años después, fue la «trágica y paradójica victoria de Hitler». Tras constatar que el nazismo no había dejado de influir y modelar el imaginario israelí, Elkana descubrió las virtudes del olvido:

---

[6] Judi Rudoren, «Netanyahu denounced for saying Palestinian inspired Holocaust», *New York Times,* 21 de octubre de 2015. Sobre la relación entre Amin Al-Husseini y el nazismo, del que el primero fue cómplice pero no inspirador, véase Gilbert Achcar, *Les Arabes et la Shoah. La guerre israélo-arabe des récits,* París, Sindbad, 2009, pp. 218-251.

«El yugo de la memoria histórica», escribió con desconsuelo, «debe ser extirpado de nuestras vidas»[7]. Frente a una memoria tan distorsionada, sería mejor olvidar el pasado. Incluso antes de Elkana, tras la masacre de Sabra y Shatila en Líbano, Primo Levi había concedido una entrevista a *Repubblica* en la que reconocía este «profundo miedo existencial», pero no aceptaba convertirlo en una excusa:

> Sé muy bien que Israel ha sido fundado por gente como yo, pero menos afortunada que yo. Hombres con el número de Auschwitz tatuado en el brazo, sin hogar ni patria, que escaparon de los horrores de la Segunda Guerra Mundial, que encontraron allí un hogar y una patria. Sé todo esto. Pero también sé que este es el argumento favorito de Begin. Y niego validez a un argumento tal[8].

Según Primo Levi, la *Shoah* no otorga a Israel un estatus de inocencia ontológica. A sus ojos, no había duda de que Begin era un «fascista»; de hecho, pensaba que el propio Begin habría aceptado de buen grado esta definición[9]. Ahora, comparado con Netanyahu, Begin parecería un moderado.

No estoy seguro de que cuarenta años después, es decir, tras dos generaciones, el diagnóstico de Elkana y Levi sobre el imaginario israelí siga siendo válido. Menahem Begin vivió

---

[7] Yehuda Elkana, «For Forgetting», *Haaretz,* 16 de marzo de 1988, p. 18, citado en Tom Segev, *The Seventh Million: The Israelis and the Holocaust* [1991], Nueva York, Farrar, Straus and Giroux, 1994, pp. 503-504. Sobre las virtudes del olvido, véase también David Rieff, *Elogio dell'oblio. I paradossi della memoria storica* [2016], prefacio de marta Boneschi, Roma, LUISS University Press, 2019 [ed. cast.: *Elogio del olvido. Las paradojas de la memoria histórica,* Barcelona, Debate, 2017].

[8] Primo Levi, *Conversazioni e interviste 1963-1987,* ed. de Marco Belpoliti, Turín, Einaudi, 1997, p. 302.

[9] *Ibid.,* p. 298.

la invasión israelí del Líbano en un estado de exaltación mitológica, pensando en sí mismo como el comandante de un ejército judío que hubiese liberado el gueto de Varsovia en 1943. Los supremacistas sionistas de hoy son diferentes; ni siquiera son hijos de los fundadores del Estado de Israel en quienes Levi veía compañeros de infortunio. Los supremacistas judíos de hoy se parecen a nuestros fascistas que exhiben con orgullo su virilidad pegando a un africano o a un árabe. Hace ya unos veinte años, el historiador angloamericano Tony Judt constató con gran desaliento que, tras la guerra de 1967, y más aún tras la primera intifada, Israel había sufrido una sombría transformación. Merece la pena citar sus palabras:

Hoy el país presenta una imagen horrenda: un lugar donde chulescos jóvenes de 18 años armados con M16 insultan a ancianos indefensos («medidas de seguridad»); donde los bulldozer demuelen con regularidad edificios enteros («castigos colectivos»); donde helicópteros disparan misiles contra calles residenciales («asesinatos selectivos»); donde los colonos financiados por el Estado se solazan en piscinas rodeadas de césped, indiferentes a los niños palestinos que se pudren a pocos metros en los peores tugurios del planeta; donde generales retirados y ministros hablan abiertamente de la oportunidad de […] limpiar el país del cáncer árabe[10].

La reacción de Elkana es comprensible, aunque un poco anticuada, pero el olvido no puede decretarse; solo podemos censurar la memoria, no podemos borrar un pasado que no necesita ser invocado para que sus fantasmas reaparezcan en el presente. Más allá de que pueda resultar cuestionable y de su carácter aproximativo, dada la diferencia de épocas, contextos

---

[10] Judt, «Prefazione», cit., pp. 20-21.

y actores, surgen espontáneamente ciertas analogías históricas: la destrucción de Gaza por el Tzahal recuerda a la del gueto de Varsovia arrasado por el general Stroop en abril de 1943. Los combatientes palestinos que salen de los túneles para golpear a un ejército de ocupación que los define como «animales» no pueden evitar el recuerdo de los combatientes judíos del gueto. Es cierto que las banderas del Tzahal llevan una estrella de David y no una esvástica, pero eso no convierte a sus soldados en inocentes, por muy atormentados que estén por un «profundo miedo existencial» heredado de sus antepasados. Sus *selfies* y las fotos obscenas que cuelgan en redes, en las que se muestran sonrientes junto a palestinos humillados o riendo mientras una bomba hace saltar por los aires un edificio, recuerdan tristemente a las fotos que se hacían los soldados de la Wehrmacht en Polonia y Bielorrusia, en las que sonreían junto a partisanos ahorcados[11]. Cuando se multiplican en redes (a pesar de la censura de los medios tradicionales) los vídeos de niños, cooperantes y civiles asesinados por francotiradores o por drones, cuyos cuerpos son retirados luego por excavadoras, y con el descubrimiento de fosas comunes llenas de cientos de cadáveres con los puños atados, la impresión de una Shoah a balazos y de una masacre planificada es cada vez más fuerte. Algunos argumentarán que no es lo mismo, pero Israel parece estar haciendo todo lo posible para borrar esa diferencia.

---

[11] Sobre las fotografías de la guerra contra los partisanos *(Partisanenkampf)* que se hacían como recuerdo los soldados alemanes, véase Dieter Reifahrth y Viktoria Schmidt-Linsenhoff, «Die Kamera der Täter», en Hannes Heer y Klaus Naumann (eds.), *Vernichtungskrieg. Verbrechen der Wehrmacht 1941 bis 1944,* Hamburgo, Hamburger Edition, 1995, pp. 475-503. Sobre los *selfies* y los vídeos realizados por soldados israelíes en Gaza, bien documentados por Al Yazzeera y otros canales de televisión, véanse Sophia Goodfriend, «The viral atrocities posted by Israeli soldiers», *Sapiens. Anthropology Magazine,* 20 de marzo de 2024, y también Samuel Forey, «Des soldats israéliens déployés à Gaza mettent en scène leurs exactions sur les réseaux sociaux», *Le Monde,* 28 de febrero de 2024.

8

FROM THE RIVER TO THE SEA

El 7 de octubre y la guerra de Gaza ratificaron el fracaso de los Acuerdos de Oslo. Lejos de sentar las bases de una paz duradera basada en la coexistencia de dos Estados soberanos, fueron inmediatamente saboteados por Israel, convirtiéndose en la premisa para la colonización de Cisjordania, la anexión de Jerusalén Este y el aislamiento de la Autoridad Palestina, ahora reducida a una entidad fantasma corrupta y desacreditada. El fracaso de los Acuerdos de Oslo marca así el fin del proyecto de los dos Estados. Aún vagamente evocado por los europeos y la Administración Biden –que nunca pensó en consultar a los palestinos sobre su futuro– como un posible reordenamiento de la región después de la guerra, este proyecto ya no significa nada más que uno o dos «bantustanes» palestinos bajo control militar israelí. Tras la anexión de Jerusalén Este, a donde se han trasladado al menos 200.000 colonos, el asentamiento de otros 500.000 en Cisjordania y la destrucción de Gaza, la hipótesis de dos Estados se ha vuelto objetivamente imposible. Es más, el Gobierno de Israel no quiere dos Estados; quiere anexionarse Cisjordania y llevar a cabo una limpieza étnica en Gaza. Diversos miembros del Gobierno lo han declarado explícitamente. Como ya se ha mencionado, el pasado mes de enero, once ministros del actual Gobierno participaron en un encuentro a favor de la recolonización de Gaza.

Entonces, ¿qué podemos esperar? Hace veinte años, Edward Said creía que un Estado laico binacional –una república democrática capaz de garantizar a sus ciudadanos judíos y palestinos la plena igualdad de derechos– sería el único camino hacia la paz. Este es el sentido del eslogan *From the river to the sea, Palestine will be free* –con sus variantes *From the rive to the sea, we demand equality* o *From the river to the sea, everyone must be free*– que la mayoría de los medios de comunicación insisten en calificar de antisemita[1]. Esta acusación no es nueva, ya que se remonta a los años de la guerra de Yom Kipur, cuando la Anti-Defamation League (Liga Antidifamación) empezó a denunciar un nuevo antisemitismo de izquierda[2]. Hoy lo declinan en formas agresivas los extremistas sionistas que se manifiestan en los márgenes de los campus estadounidenses ocupados, la retoman los congresistas trumpistas que someten a interrogatorios de tipo mccarthista a las rectoras de algunas grandes universidades y, por último, la repiten como un mantra los grandes órganos de prensa y los «expertos» que invaden nuestras tertulias. Pero es una acusación muy curiosa. ¿Por qué los palestinos no deberían ser libres entre el Jordán y el Mediterráneo? ¿Quizá porque es el «espacio vital» israelí, según una fórmula popular entre los extremistas del Gobierno de Netanyahu[3]? Estamos en presencia de una nueva y significativa inversión de papeles. A principios del siglo XX, cuando el geógrafo alemán Friedrich Ratzel forjó el concepto de «espacio vital» *(Lebensraum),* los pangermanistas consideraban las fronteras establecidas por el Derecho Internacional como puras abstracciones, revela-

---

[1] Sobre los usos de este lema, véase Alon Confino y Amos Goldberg, «From the river to the see, there is space for many different interpretations», *Public Seminar,* 9 de abril de 2024.

[2] Cfr. Arnold Foster y Benjamin R. Epstein, *The New Anti-Semitism,* Nueva York, McGraw-Hill, 1974. Sobre la genealogía de esta teoría sionista, véase Adam Haber y Matylda Figlerowicz, «Anatomy of a Moral Panic», *Jewish Currents,* 2 de mayo de 2024.

[3] S. Cypel, *L'État d'Israël contre les juifs,* cit., pp. 114-118.

doras de un pensamiento incorpóreo de marca judía, al que oponían una idea de espacio no solo geográfico sino sobre todo existencial y biológico, un entorno hecho para ser modelado por la fuerza vital de un pueblo[4]. Esta era la matriz ideológica de sus políticas expansionistas, mucho antes de que el nazismo se apropiara de este concepto. Hoy, la idea de «espacio vital» parece haber sido adoptada por el sionismo, que desde el nacimiento de Israel no ha dejado de ampliar sus fronteras, ignorando el Derecho Internacional. Su innovación consiste en una especie de redefinición teológico-política del «espacio vital», cuya pertenencia a los judíos está ahora fijada por las sagradas escrituras.

Acusar de antisemitismo a las manifestaciones en las que resuena el eslogan *From the river to the sea, Palestine will be free* resulta también paradójico. Muchos políticos estadounidenses, a quienes la idea de hacer de Estados Unidos un Estado blanco y cristiano les parecería insensata y racista, y que no dudan de que la República Islámica de Irán es un anacronismo histórico, son defensores acérrimos de Israel, un Estado construido sobre una base étnico-religiosa. Gracias a una votación en la Knesset en 2018, Israel se ha convertido en el «Estado-nación del pueblo judío». En Italia, los amigos más fieles de Israel como «Estado judío» se encuentran en las filas de la derecha xenófoba, la que se niega por principio a introducir el *ius soli* y a conceder la ciudadanía a los nacidos en la península itálica de padres inmigrantes.

Según la «ley del retorno», que data de 1950, Israel está dispuesto a acoger a todos los judíos de la diáspora, pero prohíbe el regreso de los palestinos expulsados en 1948 y de sus

---

[4] Véase Friedrich Ratzel, *Der Lebensraum* [1901], Darmstadt, Wissenschaftliche Buchgesellschaft, 1966; para un estudio crítico de esta teoría y su desarrollo, cfr. D. Diner, *Beyond the Conceivable,* cit., cap. 2, «Knowledge of Expansion: On the Geopolitics of Kark Haushofer», pp. 26-48.

descendientes. Israel es un Estado democrático para sus ciudadanos, pero una dictadura militar para los palestinos de los territorios ocupados, donde viven constantemente amenazados y privados de sus derechos. En realidad, como ha señalado Amnon Raz-Krakotzkin, Israel no es un «Estado-nación», sino un «proceso continuo de redención» que se basa en una singular combinación de teología y colonialismo. Es un Estado que encarna «un objetivo perpetuo de inmigración, poblamiento y judaísmo», del que, sin embargo, los árabes están excluidos por definición. Israel, concluye Raz-Krakotzkin, no es, en definitiva, ni un Estado-nación en el sentido tradicional del término, ni un Estado democrático[5]. El objetivo de Israel, escribió Said con clarividencia, era hacer invisibles a los palestinos. Por lo demás, este objetivo era compartido tácitamente por Estados Unidos, la Unión Europea e incluso los países árabes, que se disponían a reconocer a Israel (a raíz de los Acuerdos de Abraham, ya firmados por Emiratos Árabes Unidos, Bahréin, Marruecos y Sudán) mientras ignoraban a los palestinos. El 7 de octubre nos recordó que estos últimos no han desaparecido.

Por supuesto, el futuro de Israel-Palestina deben decidirlo quienes viven allí. Sin embargo, los observadores externos interesados en la paz pueden extraer algunas lecciones de la propia historia. Hoy día, una solución de dos Estados solo puede lograrse mediante una serie de limpiezas étnicas cruzadas: expulsar a los colonos judíos de Cisjordania, establecer una frontera rígida dentro de Jerusalén, creando barrios étnicos exclusivos, y, por último, encontrar una solución para los dos millones de palestinos que actualmente disfrutan del estatus de ciudadanos israelíes de segunda clase. ¿Es esta una solu-

---

[5] Amnon Raz-Krakotzkin, *Exil et souveraineté. Judaïsme, sionisme et pensée binationale,* prefacio de Carlo Ginzburg, París, La fabrique, 2007, p. 210.

ción racional para una tierra compartida por el mismo número de judíos y palestinos? Incluso si imagináramos la creación de un Estado palestino auténticamente soberano, esta división entre dos entidades nacionales uniformes, étnica y religiosamente, sería una regresión histórica. Incluso se convertiría en paroxística y caricaturesca si adoptara la forma de dos fundamentalismos yuxtapuestos, uno sionista y otro islámico. Esto no daría lugar a ningún intercambio fructífero entre las culturas, lenguas y religiones que comparten esta tierra. Como ha demostrado la historia de Europa Central y de los Balcanes en el siglo XX, el resultado sería un trágico empobrecimiento. Por eso, muchos de los protagonistas de este conflicto no ven otra salida que la de un Estado binacional en el que israelíes y palestinos, judíos, musulmanes y cristianos puedan convivir en pie de igualdad. Hoy, esta opción parece irrealizable, pero, si pensamos a largo plazo, parece la única lógica y coherente.

El proyecto de un Estado binacional no tiene nada que ver con el antisemitismo ni con la expulsión de los judíos de Palestina. Israel no es solo un Estado, es también una nación articulada, con una cultura viva y dinámica que obviamente tiene derecho a existir, pero el futuro de esta nación está comprometido por la entidad política que hoy la representa. En el mundo global del siglo XXI, un Estado fundado sobre una base étnica y religiosa exclusiva es una aberración, en Israel-Palestina como en cualquier otro lugar. Definir el antisionismo como una forma de antisemitismo es un lugar común rematadamente falso que se esgrime no cuando la existencia de Israel se ve amenazada, sino cuando Israel está masacrando a los palestinos.

¿Por qué sería imposible o irracional un Estado binacional israelí-palestino? En plena Segunda Guerra Mundial, la idea de construir una federación europea que reuniese a Alemania, Francia, Italia, Bélgica y los Países Bajos parecía ingenua, aberrante o utópica, según los puntos de vista. Unos años más tarde se inició un proceso de construcción europea sobre el que sin duda habría mucho que decir e incluso objetar, pero al final del cual la idea de una guerra entre Alemania, Italia o Francia resulta sencillamente absurda. ¿Por qué no habría de ocurrir lo mismo en Oriente Medio? La historia está hecha de prejuicios que se abandonan y que, *a posteriori,* parecen anacronismos estúpidos. A veces, las tragedias sirven para abrir nuevos horizontes. El proyecto de un Estado federal o binacional ha sido durante mucho tiempo el de la OLP y el de una corriente de la izquierda israelí antisionista, el Matzpen. Antes del nacimiento de Israel, fue el centro de un movimiento conocido entonces como «sionismo cultural» *(Kulturzionismus),* encarnado por figuras como Ahad Ha'am, Robert Weltsch, Martin Buber, Gershom Scholem y Judah Magnes, uno de los fundadores de la Universidad Hebrea de Jerusalén. Estos intelectuales querían hacer de Palestina un lugar para el renacimiento de la cultura judía, desde luego no una teocracia, ni siquiera un Estado delimitado por fronteras religiosas o étnicas. Otros, como Hannah Arendt, apoyaron el sionismo como respuesta política de los judíos al antisemitismo nazi, pero ninguno de ellos abogó por un nacionalismo exclusivo y beligerante. Todos se oponían al sionismo político de Herzl del que iba a nacer Israel, y muchos consideraban el nacimiento de este Estado un error histórico. Algunos aceptaron con resignación las consecuencias, otros no. La correspondencia entre Arendt y Scholem muestra las huellas de esta fractura. En 1946, Scholem no soportaba el «tono» de las posiciones antisionistas de Arendt, para quien «un Estado-nación judío sería una broma estúpida y peligrosa»[6]. An-

---

[6] Hannah Arendt y Gershom Scholem, *Der Briefwechsel 1939-1964,* ed. de Marie Luis Knott, con la colaboración de David Heredia, Berlín, Jüdis-

tes del nacimiento de Israel, el sionismo era un movimiento complejo, atravesado por corrientes muy diferentes, por no decir radicalmente antinómicas, que incluían espiritualistas de sensibilidad libertaria como Scholem, cuando no anarquistas declarados como Abba Gordin, marxistas como Ber Borochov y, en el polo opuesto, nacionalistas que miraban con simpatía el fascismo, como Vladimir Jabotinsky. Todas estas corrientes fueron eclipsadas o reabsorbidas en su esencia por el sionismo político de Herzl, del que Ben Gurion se consideraba heredero y al que hacen referencia los actuales dirigentes del Likud[7]. La guerra árabe-israelí de 1948 fue el punto de inflexión que selló este cambio. La mayoría de las tendencias mencionadas se clasificarían hoy como antisionistas.

En 1950, Arendt escribió que la tragedia de la primera guerra árabe-israelí, fuente de consecuencias negativas a largo plazo, consistía en la «creación de una nueva categoría de apátridas, los refugiados árabes»[8]. Lejos de garantizar su seguridad, la victoria de Israel había preparado el terreno para una crisis permanente. Una vez ganada la guerra, había escrito Arendt dos años antes,

el fin del conflicto vería la destrucción de la oportunidad y de los logros únicos del sionismo. El país que nacería sería algo muy distinto del sueño de los judíos de todo el mundo,

cher Verlag, 2010, pp. 110, 133-134 [ed. cast.: *Hannah Arendt y Gershom Scholem. Tradición y política. Correspondencia (1939-1964)*, Madrid, Trotta, 2018]. Sobre la historia del sionismo, véase Walter Laqueur, *History of Zionism: From the French Revolution to the Establishment of the State of Israel* [1972], Nueva York, Schocken Books, 2003. Sobre el sionismo cultural y el binacionalismo, véase el ensayo citado *supra* de Raz-Krakotzkin.

[7] Véase la amplia antología a cargo de Denis Charbit, *Sionismes. Textes fondamentaux,* París, Albin Michel, 1998. Charbit ha tenido el acierto de utilizar el plural en el título de este volumen.

[8] H. Arendt, «Peace or armistice in the Near East?», cit., p. 444.

sionistas o no. Los judíos «victoriosos» vivirían rodeados de una población árabe completamente hostil, encerrados dentro de fronteras constantemente amenazadas, tan preocupados por su autodefensa e integridad física que perderían todos los demás intereses y abandonarían todas las demás actividades. El desarrollo de una cultura judía dejaría de ser la preocupación de todo el pueblo; la experimentación social se descartaría como un lujo innecesario; el pensamiento político se centraría en la estrategia militar; el desarrollo económico estaría determinado únicamente por las necesidades de la guerra. Y todo esto sería el destino de una nación que, aunque consiguiera absorber cada vez más inmigrantes y ampliar cada vez más sus fronteras (la absurda pretensión de los revisionistas incluye toda Palestina y Transjordania), seguiría siendo un pequeño pueblo, muy inferior en número a sus hostiles vecinos[9].

Esta perspectiva, que para Arendt era una pesadilla, está hoy ante nuestros ojos. Para evitar este callejón sin salida, los intelectuales partidarios de la creación de un «hogar nacional» en Palestina rechazaron el proyecto sionista de un Estado judío, defendiendo la idea de un Estado binacional. Magnes describió esta opción, a sus ojos la única fructífera, con palabras tan ingenuas como visionarias:

Qué bendición sería para la raza humana que los judíos y los árabes de Palestina se hicieran amigos y cooperasen para hacer de esta Tierra Santa una Suiza floreciente y pacífica en el corazón de esta antigua ruta a medio camino entre Oriente y Occidente. Esto ejercería una inestimable influencia po-

_____

[9] Hannah Arendt, «To Save the Jewish Homeland», en *The Jewish Writings,* cit., pp. 396-397.

lítica y espiritual en Oriente Medio y mucho más allá. Una Palestina binacional podría convertirse en un faro para la paz mundial[10].

Magnes imaginaba una Palestina libre desde el Jordán hasta el mar. ¿Acaso deberíamos acusarle retrospectivamente de antisemitismo?

Hace unos 20 años, Said señaló con preocupación: «¿Dónde están los equivalentes israelíes de Nadine Gordimer, André Brink, Athol Fugard, de los escritores blancos que, en Sudáfrica, se pronunciaron de forma inequívoca y sin ambigüedades contra los males del *apartheid*?»[11]. Este silencio es igualmente ensordecedor hoy, roto solo por algunas voces aisladas. Hemos sido testigos de manifestaciones masivas que pedían la dimisión de Netanyahu pero no denunciaban la masacre de Gaza; solo pedían una acción más eficaz para liberar a los rehenes y destituir a un dirigente corrupto. El año pasado tuvieron lugar manifestaciones similares, pero habían mostrado una total indiferencia ante el polvorín que se estaba formando en Gaza, y una creciente habituación a la colonización, ahora aceptada como algo normal e irreversible. No hemos oído una voz comparable a la del filósofo Yeshayahu Leibowitz, que en 1982 describió la guerra del Líbano como una «política judeonazi»[12]. El trauma del 7 de octubre parece haber paralizado las conciencias; los espíritus más lúcidos se sienten terriblemente aislados y embargados por un sentimiento de desánimo e impotencia. No obstante, se han alzado algunas voces valientes, a veces de forma espectacular. En febrero de 2024, en el Festival de Cine de Berlín, Yuval Abraham, codirector del

---

10 Citado en Arendt, «Peace or armistice in the Near East?», cit., p. 441.
11 E. Said, «Morte lenta: la punizione in dettaglio», cit., p. 226.
12 Citado en Segev, *The Seventh Million*, cit., 401.

documental *No Other Land* junto al palestino Basel Adra, recibió un premio por su película con estas palabras: «Yo soy israelí, Basel es palestino. Dentro de dos días volveremos a un país en el que no somos iguales. [...] Esta situación de *apartheid* entre nosotros, esta desigualdad, debe terminar»[13]. Las voces contra esta guerra son mucho más numerosas y audibles en la diáspora judía, que obviamente no es responsable de esta masacre, pero en cuyo seno muchos han sentido la necesidad de decir que no se consideran representados por un Estado que pretende actuar en su nombre. En Estados Unidos, esta orientación es probablemente hegemónica en la generación más joven, donde está adquiriendo una magnitud comparable a la de los movimientos contra la guerra de Vietnam de los años sesenta. Tanto entonces como ahora, se es muy consciente de que la guerra puede detenerse en Estados Unidos, el país de donde proceden las armas del genocidio. En Nueva York, Jewish Voice for Peace bloqueó Grand Central, la principal estación de trenes de la ciudad, y el puente de Manhattan, y ocupó Liberty Island; sus camisetas negras con el lema *Not in our name* han tenido un éxito extraordinario. En Italia, un llamamiento firmado por muchas de las personalidades judías más prestigiosas de la cultura del país ha planteado la cuestión crucial de estos meses: «¿De qué sirve hoy la memoria si no ayuda a detener la producción de muerte en Gaza y Cisjordania?». Eludir esta pregunta es convertir el Día Internacional de Conmemoración en Memoria de las Víctimas del Holocausto en «una celebración ritual y vacía»[14].

---

[13] Cfr. Lucas Minisini, «Qui est le journaliste israélien Yuval Abraham, qui a plaidé pour un cessez-le feu à Gaza», *Le Monde,* 6 de marzo de 2024. Varios políticos alemanes han calificado de antisemitas los comentarios de Yuval Abraham.

[14] «Mai indifferenti. Voci ebraiche per la pace», *Il Fatto Quotidiano,* 11 de febrero de 2024.

En Francia, un llamamiento similar fue difundido por intelectuales cuyos padres o abuelos fueron perseguidos y deportados. Notable por su lucidez, generosidad y, en el clima actual, su valentía, su texto comienza con estas palabras: «Después de cincuenta y siete años de ocupación acompañada de humillaciones, expulsiones de sus hogares y tierras, encarcelamientos arbitrarios, múltiples asesinatos, el establecimiento de asentamientos y el fracaso de diversas acciones pacíficas, es comprensible que muchos palestinos se nieguen a condenar la acción de Hamás del 7 de octubre por considerarla un acto legítimo de resistencia a la colonización israelí y al terrorismo de Estado». El llamamiento continúa condenando el ataque de Hamás y la masacre israelí que le siguió. Añaden que «es ilegítimo y despreciable justificar la masacre de decenas de miles de civiles de Gaza y Cisjordania en nombre del genocidio de los judíos de Europa, en el que el pueblo palestino no participó. Junto con muchos judíos de todo el mundo, incluidos los de Israel, negamos al Gobierno de Netanyahu y a sus partidarios el derecho a actuar en Gaza y Cisjordania en nuestro nombre y en el de nuestros antepasados, utilizando la Shoah como pretexto»[15].

Hoy, la situación ha cambiado profundamente. Israel se ha revelado vulnerable y, sobre todo, con su furia destructiva, carente de toda legitimidad moral. La causa palestina se ha convertido en la bandera del Sur Global y de gran parte de la opinión pública, en particular de los jóvenes, incluidos muchos judíos, tanto en Europa como en Estados Unidos. Lo que está en juego hoy no es la existencia de Israel, sino la supervivencia del pueblo palestino. Si la guerra de Gaza acabara en una segunda Nakba, la legitimidad de Israel se vería

---

[15] «Nous, Françaises juives et Français juifs, appelons à un cessez-le-feu immédiat et durable à Gaza», *Le Monde,* 30 de enero de 2024.

definitivamente comprometida. En ese caso, ni las armas estadounidenses, ni los medios de comunicación occidentales, ni la razón de Estado alemana, ni el recuerdo distorsionado e indignado de la *Shoah* podrán redimirlo.

Índice